# 国際政治史の道標

## ―実践的入門―

服　部　龍　二　著

現代政治学双書　15

中　央　大　学　出　版　部

# 序

国際政治史の入門書を執筆してみたいという願いは以前からあった。通史では一応の需要が満たされているだけに、自分自身の経験からも、実践的なものがあればと思えた。本書で意図したのは体系的な入門書ではなく、断片的にせよ、何らかの具体的な手掛かりを提供することである。

まずは初出の一覧を示しておこう。

第一章　課題と方法

「東アジア国際政治史研究の可能性」『歴史学研究』第七七九号、二〇〇三年

第二章　史料案内

「ロシア対外政策公文書館を訪れて」『近現代東北アジア地域史研究会ニューズレター』第十一号、一九九九年

「中華民国外交部档案庫の所蔵公開状況」

『近現代東北アジア地域史研究会ニューズレター』第十二号、二〇〇〇年
「戦間期イギリス外交の個人文書等について」
　『拓殖大学論集　政治・経済・法律研究』第三巻第三号、二〇〇一年

第三章　国際会議

「南開大学日本研究センター主催国際会議『国際関係と東アジアの安全保障』の概要」
　『拓殖大学論集　政治・経済・法律研究』第三巻第二号、二〇〇〇年
「カリフォルニア大学バークレー校主催シンポジウム "Treaty-Bound: Japanese Politics and International Diplomacy, 1853–Present"」
　『近現代東北アジア地域史研究会ニューズレター』第十三号、二〇〇一年
「第二回日欧歴史教育会議」
　『近現代東北アジア地域史研究会ニューズレター』第十四号、二〇〇二年

第四章　書　評

「三宅正樹著『ユーラシア外交史研究』」
　『明治大学社会科学研究所紀要』第三十九巻第二号、二〇〇一年
「黒沢文貴、斎藤聖二、櫻井良樹編『国際環境のなかの近代日本』」
　『東アジア近代史』第五号、二〇〇二年

「樋口秀実著『日本海軍から見た日中関係史研究』」『史学雑誌』第一一二編第二号、二〇〇三年

終章　文献目録

「『戦間前期』東アジア国際政治史文献目録――拙著『東アジア国際環境の変動と日本外交　一九一八―一九三一』追補」『拓殖大学論集　人文・自然・人間科学研究』第六号、二〇〇一年

上記に明らかなように、本書は過去五年の間に公表してきた研究動向、史料案内、国際会議参加記、書評、文献目録を収録した論文集である。収録に際しては、一部を修正した。紙幅の制約などから、部分的に省略したものもある。とはいえ、概して各論文は原形をとどめている。終章の「『戦間前期』東アジア国際政治史文献目録」が典型的なように、論文の半数近くは拙著『東アジア国際環境の変動と日本外交　一九一八―一九三一』（有斐閣、二〇〇一年）を追補する内容となっている。

多くは断片的な情報や雑感の域を出ていないため、このような形で再録することには多少ためらいが残る。研究動向や史料状況は、絶えず動いてもいる。第二章に収録したロシア対外政策公文書館のように、十分に成功したとは言い難いものもある。そもそも、本書に収録された諸論文の執筆

時には、論文集として将来まとめようなどとは考えてもみなかった。三つの条件が重ならなければ、本書は永久に日の目をみなかったはずである。

第一に、国際政治史や外交史の講義を長年担当させていただいたことである。率直なところ、教壇に立ち始めた頃から、学生との間には一定の距離を感じてきた。標準的な通史だけでは、若い世代を惹き付けることは難しいのである。さりとて、時事問題やエピソードに終始するわけにもいかない。そこで必要となるのは、学問へのいざないとなる切り口であろう。講義では、代表的な研究や新刊書にも論及するとともに、しばしば海外調査や国際会議での経験などを伝えるようにしてきた。本書に収録したのは、その一部に他ならない。

第二に、「近現代東アジアにおける中華民国」と題する特集が『歴史学研究』で組まれた際、東アジア国際政治史の方法について執筆を依頼されたことである。ともすると日中関係史研究が自国中心史観に陥り、主体としての中国を見失いがちになるなかで、いかにすれば発展の著しい中華民国史研究を日本史研究者と共有できるのか。ここに特集の問題提起があった。私自身は歴史学研究会の会員ではなかったが、特集の趣旨が自分の問題意識と暗合したこともあり、喜んで執筆依頼に応じた。

幸いして、特集を通じて民国史研究者と意見交換することもできた。こうして、「東アジア国際政治史研究の可能性」と題する拙稿を脱稿した。同稿が『歴史学研究』第七七九号（二〇〇三年九月）

に掲載される頃には、これを巻頭とする論文集の刊行を意識し始めた。

第三に、出版事情の厳しいなか、中央大学出版部が本書の趣旨に理解を示していただき、刊行を快諾して下さったことである。

その他、第三章の国際会議や第四章の書評などを通じて、大勢の方々にお世話になったことは無論である。この場をお借りして、関係各位に深謝の意を表したい。本書を通じて、国際政治史研究の進展に少しでも資することがあれば、まさに望外の喜びとなるであろう。

二〇〇四年三月

服部龍二

# 目次

## 第四章　書　評



## 終　章　文献目録

# 第一章　課題と方法

## 1　東アジア国際政治史研究の可能性

およそ歴史研究であれば、どの分野にも名著と呼ばれるものがある。かつての筆者のように、一九二〇年代の東アジア国際政治史研究を志すのであれば、誰しもが真っ先に Akira Iriye, *After Imperialism: The Search for a New Order in the Far East, 1921–1931*（Cambridge: Harvard University Press, 1965）を手にするだろう。同書は入江昭氏自身によって『極東新秩序の模索』（原書房、一九六八年）として翻訳されたこともあり、多くの外交史家に読み継がれてきた。その視野の広さと分析枠組の明快さは、現在でも他者の追随を容易には許さずにいる。(1)

## 入江昭『極東新秩序の模索』の世界

同書で今日的にも注目すべきは、主体としての中国という視点であろう。すなわち、序論「アメリカのイニシアティブ」でワシントン会議に言及した後に、第一部「ソ連のイニシアティブ」（一九二一―一九二七年）と第二部「日本のイニシアティブ」（一九二七―一九二八年）に続く第三部「中国のイニシアティブ」（一九二八―一九三一年）では、易幟や奉ソ戦争、不平等条約改正策などが分析対象となっているのである。不十分とはいえ、北京政府期の外交档案を台湾の中央研究院で調査していることも見逃せない。

その後の東アジア国際政治史研究においては、史料面を含めて、個別の領域では長足の進歩があった。にもかかわらず、『極東新秩序の模索』は後発の研究者にとって、高い壁になってきた。というよりも、これに対峙する作品を骨太に描こうとする試み自体が多くはなかった。もちろん、細谷千博「ワシントン体制の特質と変容」などのように、分析枠組を打ち出そうとする貴重な研究は少数ながら存在した。(2) しかし、それらは例外的というべきであろう。また、民国期の中国外交史研究が立ち後れてきたことも否めない。

そのため、ワシントン体制という造語が定着した一方で、国際政治を総体として把握しようとする視点や、中国を国際政治の主体として描くような発想は、さほど日本に根付かなかったように思える。入江氏のような著作が日本ではなくアメリカで執筆されたことには、それなりの理由があるのだろうか。

## 内政と外交——日本史家の視点

いうまでもなく、同じ頃の日本でも外交史研究は発展してきた。日本の外交史研究を世界的な水準に引き上げたといわれるのは、細谷千博『シベリア出兵の史的研究』（有斐閣、一九五五年）である。日中関係史では、臼井勝美氏が第一人者となる。

しかし、その後の日本外交史研究では、相手国の内在的視点を踏まえた二国間関係史よりも、内政と外交の相互規定性というアプローチが主流となってきたように思える。(3) その傾向を決定的にしたのは、三谷太一郎『日本政党政治の形成——原敬の政治指導の展開』（東京大学出版会、一九六七年）もさることながら、北岡伸一『日本陸軍と大陸政策——一九〇六—一九一八年』（東京大学出版会、一九七八年）ではなかっただろうか。

内政と外交の相互規定性を分析視角にしたという意味では、坂野潤治『近代日本の外交と政治』（研文出版、一九八五年）、酒井哲哉『大正デモクラシー体制の崩壊——内政と外交』（東京大学出版会、一九九二年）、松浦正孝『日中戦争期における経済と政治——近衛文麿と池田成彬』（東京大学出版会、一九九五年）、高橋秀直『日清戦争への道』（東京創元社、一九九五年）、三谷博『明治維新とナショナリズム——幕末の外交と政治変動』（山川出版社、一九九七年）、小宮一夫『条約改正と国内政治』（吉川弘文館、二〇〇一年)、五百旗頭薫『大隈重信と政党政治――複数政党制の起源　明治十四年―大正三年』(東京大学出版会、二〇〇三年)などの優れた作品が続く。

そうした手法がいかに定着しているかは、黒沢文貴、斎藤聖二、櫻井良樹編『国際環境のなかの近代日本』(芙蓉書房出版、二〇〇一年)のような包括的論文集をみれば明らかであろう[(4)]。明治政府が対外的危機によって誕生したという経緯からしても、内政と外交を一体として把握するのは自然にみえる。

この点は、個別の分野でも同様である。日露戦後外交を例にとれば、寺本康俊『日露戦争以後の日本外交――パワー・ポリティクスの中の満韓問題』(信山社、一九九九年)のようにオーソドックスな外交史研究よりも、小林道彦『日本の大陸政策　一八九五―一九一四――桂太郎と後藤新平』(南窓社、一九九六年)に示されたアプローチの方が主流であろう。陸軍や政党を媒介として内政と外交の連鎖を読み解く、といった成果には事欠かない。その反面で、林外交の研究などは少ない。

こうした方法論で日中関係史が描かれるとすれば、当然ながら視点の中心は日本となる。換言すれば、我が国の近代外交史研究で、中国が国際政治の主体として現れることはまずない。とはいえ、巨視的な視点が完全に欠落してきたわけでもない。岡義武『国際政治史』(岩波書店、一九五五年)をはじめ、石井修『国際政治史としての二〇世紀』(有信堂、二〇〇〇年)に至るまで、定評ある国際政治史の通史は少なくない。それでも、本格的な日中関係史研究の多くは、日本の対中政策という枠内にとどまっている。

また、武田知己『重光葵と戦後政治』（吉川弘文館、二〇〇二年）のように顕著な例外はあるにせよ、外政家の研究が遅れてきた感も否めない。こうした研究が博士論文の素材になりやすいアメリカとは好対照である。その一因としては、個人文書の所蔵公開状況といった技術的な問題も無論あるだろう。しかし、より根本的には、内政と外交の構造的分析という視角が定着したことに原因があるのではなかろうか。

## 主体としての中国――中国史家の視点

内政と外交の相互規定性という日本史家の分析視角が定着してきたとしても、それ自体に問題があるわけではない。ただ、手堅い日中外交史とみなされるような研究ですら、中国史家には自国中心史観と映ることがある。

一例を挙げれば、松重充浩氏による佐藤元英『昭和初期対中国政策の研究――田中内閣の対満蒙政策』（原書房、一九九二年）への書評がある。松重氏は同稿を次のように結んでいる。

「筆者が小稿で確認せんとしたことは、より豊かな『日中関係史像』の提示を図る上で、日中両国の単なる『一国史』完結的な事象の並記に止まらず、中国側諸主体の営為が日本の対中国政策の実態改変に関与していくこと、同時に、それが中国側主体の在り方を逆規定していくこと、この日中両諸主体の相互作用、相互規定的なダイナミックな関連を統一的把握《ママ》しておくことの必要性についてであった。(5)」

また、川島真氏は臼井勝美氏の論文集『日中外交史研究――昭和前期』(吉川弘文館、一九九八年)への書評で、「日中外交史であるならば、マルチ・アーカイブ方式で日本側と中国側の外交文書とを突き合わせられることを期待してしまう」と記している。その上で同稿は、「当時の日本外交官が見た中国、そして時に正確に把握できなかった中国観を反映した外交文書だけを使用して研究すれば、そこにもかつてと同じ特徴や誤謬が反映されるのではないだろうか。立場はさまざまでも、テキスト的共有により突破できる面もあると評者は考えている」と論じた。(6)

こうした批判には、著者達も首肯せざるを得ないであろう。佐藤元英氏や臼井勝美氏が代表的な日中関係史研究者と目されるだけに、そうした批判には重みがある。民国期に関しては、台湾を中心に史料公開が進んでいることも周知のところである。中国側の史料を閲覧できないからという言い訳は、もはや通じにくくなってきた。

日本史家とて、そのことに無自覚であろうはずはない。ただ、そうした日本史家の多くは、日本外務省記録や旧陸海軍文書、および国立国会図書館憲政資料室所蔵の個人文書をはじめとする膨大な史料にさらされ、発掘や整理、翻刻をも任されている。彼らに諸外国での現地調査まで求めるのは、いささか過酷にも思える。

加えて、仮に日本史家が中国側の史料を読破できたとしても、それによって均衡のとれた日中関係史研究に到達するのかという疑問もある。史料を読み進める際には、優先順位という問題があるためである。

個人的な経験からいえば、拙著『東アジア国際環境の変動と日本外交　一九一八―一九三一』（有斐閣、二〇〇一年）の執筆時、中国外交档案に触れたのは最終段階に近かった。種明かしをするようだが、入手しやすい日本とアメリカの外交文書や個人文書をまず読み、次いでＰＲＯなどでイギリス側の史料を調査するという手順を踏んだ。旧ソ連や中国の外交文書を読む頃には大枠が出来上がっており、その裏付けを求めるという作業になりがちであった。

こうした優先順位は、当該期における各国間の力関係にほぼ応じてはいる。それでも、閲覧の順序が逆であったら、大きく異なる歴史像を描いていたのではないかと思わずにはいられなかった。

中国史を専門としない者が中国を主体として描こうとしても、そこには自ずと限界がある。日本史家にしてみれば、中国側の観点を踏まえたくとも、安心して依拠できる中国外交史研究が少ないという印象ではなかろうか。だとすれば、中国史家にこそ中国外交史を研究して欲しいという思いに駆られても不思議ではない。

もちろん、中国外交史研究にも貴重な成果はある。久保亨『戦間期中国〈自立への模索〉――関税通貨政策と経済発展』(東京大学出版会、一九九九年)、鹿錫俊『中国国民政府の対日政策 一九三一―一九三三』(東京大学出版会、二〇〇一年)、川島真『中国近代外交の形成』(名古屋大学出版会、二〇〇四年)などが近年の代表作であろう。土田哲夫氏も、一九二九年の中ソ紛争などに関して、学界の水準を示すような論文を発表し続けている。(7)

その他、中央大学人文科学研究所編『民国前期中国と東アジアの変動』(中央大学出版部、一九九九年)、西村成雄編『現代中国の構造変動 三 ナショナリズム――歴史からの接近』(東京大学出版会、二〇〇〇年)、姫田光義編『戦後中国国民政府史の研究 一九四五―一九四九年』(中央大学出版部、二〇〇一年)、などの論文集も相次いでいる。

とはいえ、中国史研究における外交史の比重は、依然として低いようである。ひいき目にみても、日本外交史研究者の数を圧倒的に下回っている。それ自体が議論の対象となり得ることではあるが、ここで問題となるのはそうした現状のもたらす弊害である。

民国期に即していうならば、日中関係史研究では、しばしば中国ナショナリズムという用語が曖昧に用いられてきた。だが、その内実にまで踏み込んで分析した研究は少ない。また、張作霖や張学良などの軍閥も、当然ながら研究の対象にはなってきた。それでも、東三省をめぐる国際政治に中国の内在的視点を加えて多層的に描くような試みは、さして多くなかったであろう。土田哲夫氏が既に一九九二年の時点で次のように記していることは、ほぼ現在にも当てはまるはずである。

「今後の日中関係史・東アジア国際関係史の研究においては、中国史料によって中国側諸アクターの対外認識と政治的立場を検討し、その政策決定の過程・要因を分析し、その行動を内面的に理解する作業が不可欠になると思われる。また、それは、諸アクターの行動の場である、中国の政治システムの性質・構造の理解をも必要とする。本稿が、張作霖爆死事件から東三省の易幟という、従来からかなりの研究蓄積があり、粗筋だけなら知られていた半年余りの政治過程を詳論し、微視的分析を行ったのも、これによって、東アジアの国際関係史を中国内在的に理解し、再構成しようとしたからに他ならない。(8)」

## 外交史研究の今後

均衡ある日中関係史研究や東アジア国際関係史を阻害してきた一因が、日本史、東洋史、西洋史という文学部の講座制にもあることは、上記の文脈から推察されるであろう。国際交流は大切だが、その前に国内でなすべきことも多い。

他方、法学部を中心とする外交史では、日米外交史が最も好まれるようである。麻田貞雄氏の日米外交史研究はもとより、後藤春美氏の日英外交史研究などのように、米英の史料を縦横に活用し、国際的評価を受ける者も少なくない。[9] 相手国の視点を踏まえた外交史研究という意味では、日中外交史研究とは異質にもみえる。ただし、そこでの中国は、やはり列国間外交の場として扱われがちである。

かくして、「日中関係史研究と日米関係史研究とが別個に進められる傾向が強かった」ため、「日中戦争がどうして日米(太平洋)戦争に発展したのかという問いに対し、系統的説明を与えにくい」という批判が樋口秀実氏から寄せられることになる。[10]

以上を要するに、入江昭氏が先駆的に示したような国際政治史的な手法、とりわけ主体としての中国という視点が日本で定着したかは、かなり疑わしいといわねばならない。かつて満州事変期の重光葵駐華公使報告書を翻刻した経験からすると、当時の外交官の方が主体としての中国を意識していた感すらある。[11] それでは、今後の外交史研究はどのように展望されるであろうか。

昨今の日中関係史研究で無視できないのは、歴史認識や歴史教科書、歴史の記憶といった論点である。こうした状況を踏まえた議論としては、劉傑『中国人の歴史観』(文春新書、一九九九年)などが示唆に富んでいる。とはいえ、そのような論点よりも、歴史研究それ自体の方が重要なことは当然であろう。

外交史研究の危機が叫ばれて久しいが、目下のところ、外交史研究の中心は冷戦史になっている。民国期の中国や旧ソ連の原文書を活用できる段階になった時に、学界全体としての関心は既に現代へと移行していたことになる。こうした学界の動向は、定期的な史料公開の重要性を逆説的に示している。

少なくとも法学部系統の外交史に関する限り、一九五〇年代から六〇年代の研究が最先端となっている。外務省外交史料館などの史料公開が進むなかで、そうした現代志向は今後さらに強まっていくはずである。ロースクールの影響下で政治学系の講座は圧迫されがちであり、伝統的な外交史研究では大学に職を得ることすら難しいという現状もある。だとすれば、戦前期の外交史研究は、このまま先細りとなっていくのだろうか。生年でいえば一九六〇年代生まれ位までが、近代外交史に正面から取り組む最後の世代となりかねない。

いうまでもなく、学生の関心は教員以上に現代志向となっている。そうした事情のためか、筆者のように政治学系でありながら戦間期を長年研究してきた者には、現代の国際政治研究を精力的に進める若手研究者が時として輝いてみえる。同世代の研究者が歴史研究の半ばで現状分析に魅せられてしまうのも、無理からぬことであろう。

また、利用できる史料が急増するのは、本来的には好ましいことである。ただし、そのことは同時に、今まで以上に時間と労力を費やさねば、史料の公開状況に見合った水準を保てなくなることも意味している。だとすれば、研究者個人の能力に限界がある以上、情報と人脈の共有が必要になってくるはずである。

にもかかわらず、日本史研究者と中国史研究者の間で、十分な交流があるとは言い難い。そのことは何も、日中関係史に限ったことではない。

詳細を語る紙幅は与えられていないが、最も深刻なのは日露関係史であろう。ボリス・スラヴィンスキー氏が急逝した後に、一九二五年の日ソ国交樹立をはじめとする基礎研究では、誰が決定版を書くのであろうか。その他、かつて三宅正樹氏によって提示された分析視角として、日独ソ三国を中心とするユーラシア外交史研究というものがある。こうしたスケールの大きな問題提起は、果たして今後に引き継がれていくのかと不安になってくる。(12)

そうした現状の中で、外交史研究者には何ができるのだろうか。手掛かりを求めて時代をさかのぼり、再び入江昭氏に話を戻してみたい。

## 結びにかえて――フェアバンク『中国回想録』をひもといて

近年再刊された入江昭『増補　米中関係のイメージ』（平凡社、二〇〇二年）に松山幸雄氏が解説を寄せている。そこで松山氏は、「この二つの巨人（米中両国を指す―引用者注）の文化の〝下地〟に精通し、かつアジア全体の外交関係を観察してきた入江昭教授は、ワシントン、北京のどちらにも肩入れすることなく、客観的に論ずる最適任者であろう」と論じた。

その上で同氏は、「私はシカゴ大、ハーバード大、またいろいろな国際会議で、欧米の学者が、彼の実力、実績に心から敬意を払っているのを目撃するたびに、今風にいえば『まるで知的イチローだな』と誇らしく感じたものである」と記している。[13]

いささか卑近な引用になってしまったが、その包括的な視野ゆえに、入江氏が多くの者を惹き付けてきたことは確かであろう。入江氏のように天才的ともいうべき実力を備え、国際的に活躍し続ける学者は、数える位しかいないはずである。

もっとも、その入江氏においてすら、環境によって生み出された要素を無視できないようである。これについては、J・K・フェアバンク『中国回想録』にヒントが隠されている。いささか長文となるが、引用してみよう。

「一人の学生に、東アジアの言語と文化に精通した上で、史料操作をするレベルにまでアメリカ史の研鑽を積み、それからさらにアメリカ・東アジア関係を研究して、博士論文を書くように期待するような教育者は、常識ある教育者には一人もいないであろう。私の考えていたAEAR（アメリカ・東アジア関係のこと―引用者注）とは、実にこの三つを一つにしたもので、天才的に優れた能力のある学生のための課程であった。幸いなことに、教師たちよりも優れた能力のある学生が次々に現れるのである。なぜこのような不可能に近いことを達成しようとしたのかというと、事実と問題とに直面するためであった。もしそれぞれに孤立したままであれば、東アジア専門家は彼らの得意とする言語と文化の研鑽に没頭し、アメリカ研究者は文献資料に埋没して、互いに顔を合わせることもないであろう。そういう状況が毎日のように見られたのである。自分たちの領域から一歩も出ようとしない両方の専門家の狭量さを打ち砕く必要があった。」

こうしてフェアバンクは、ハーヴァード大学歴史学部にアメリカ極東政策研究委員会を設け、米国—東アジア関係史を双方から論じられるような若手研究者を育て始めた。「このグループの中でも抜群の人物は、日本出身の秀才、入江昭であった」という。(14)

もっとも、そうした国際関係史的なアプローチが不可能ではないとしても、数カ国語を会得した上で学術論文を執筆できるようになるには、相当な年月を要するに違いない。その点についてフェアバンクは、次のような慰めを用意してくれている。

「中国語と日本語を読めるようにならなければならないアメリカの中国学者にとって、それにロシア語を加えるのは容易なことではない。それができるのは語学の天才か——その場合は分析的思考能力に欠けることもある——または長距離選手型の努力家でなければならないが、その場合は自分で翻訳ができるようになるまでものを考えることを延期しなければならない。若いうちに成果を挙げることは難しいのである。(15)」

以上を日本の文脈で読み替えれば、東アジア国際政治史は日本史、東洋史、西洋史、外交史といった講座にまたがっている。「互いに顔を合わせることもない」というほどではないにせよ、分断されがちなのは事実であろう。だとすれば、東アジア国際政治を総体として描き出すような視点は生まれにくいはずである。フェアバンクの言葉は、意図的に国際政治史研究の環境を築いていくことの必要性を言い当てている。

東アジア国際政治史研究の可能性は、自ら創り出すものだということであろうか。

（1）同書に対する私見については、拙著『東アジア国際環境の変動と日本外交　一九一八―一九三一』（有斐閣、二〇〇一年）六―十二頁、を参照されたい。

（2）細谷千博『両大戦間の日本外交』（岩波書店、一九八八年）七十五―一一四頁。

（3）酒井哲哉「日本外交史の『古さ』と『新しさ』――岡義武『国民的独立と国家理性』再訪」（『国際関係論研究』第十三号、一九九九年）二頁、小宮一夫『条約改正と国内政治』（吉川弘文館、二〇〇一年）十一頁、が参考になる。

（4）拙稿「黒沢文貴、斎藤聖二、櫻井良樹編『国際環境のなかの近代日本』」（『東アジア近代史』第五号、二〇〇二年）一〇〇―一〇一頁。同稿は、本書の第四章に収録されている。

（5）松重充浩「佐藤元英著『昭和初期対中国政策の研究』――近現代日中関係史研究における検討視角に関する覚書」（『史学研究』第二〇三号、一九九三年）九十一頁。

（6）川島真「臼井勝美著『日中外交史研究――昭和前期』」（『歴史学研究』第七三六号、二〇〇〇年）四十―四十一頁。

(7) 土田哲夫「一九二九年の中ソ紛争と『地方外交』」(『東京学芸大学紀要　第三部門　社会科学』第四十八号、一九九六年)一七三―二〇七頁、同「一九二九年の中ソ紛争と日本」(『中央大学論集』第二十二号、二〇〇一年)十七―二十七頁。

(8) 土田哲夫「東三省易幟の政治過程(一九二八年)」(『東京学芸大学紀要　第三部門　社会科学』第四十四号、一九九二年)九十四―九十五頁。

(9) 両氏の主著として、麻田貞雄『両大戦間の日米関係――海軍と政策決定過程』(東京大学出版会、一九九三年)、Harumi Goto-Shibata, *Japan and Britain in Shanghai, 1925-31* (London: Macmillan Press, 1995), がある。

(10) 樋口秀実『日本海軍から見た日中関係史研究』(芙蓉書房出版、二〇〇二年)八頁。同書への書評として、拙稿が『史学雑誌』(第一一二編第二号、二〇〇三年)八十四―九十二頁、に掲載されている。同稿は、本書の第四章に収録された。

(11) 拙編『満州事変と重光駐華公使報告書――外務省記録「支那ノ対外政策関係雑纂『革命外交』」に寄せて』(日本図書センター、二〇〇二年)を参照されたい。

(12) 三宅正樹『ユーラシア外交史研究』(河出書房新社、二〇〇〇年)。同書への書評として、拙稿が『明治大学社会科学研究所紀要』(第三十九巻第二号、二〇〇一年)四〇五―四〇九頁、に掲載されている。本書の第四章に収録した。

(13) 松山幸雄「解説――危機回避に欠かせない相互イメージの改善」(入江昭『増補 米中関係のイメージ』平凡社、二〇〇二年)三一八頁。

(14) J・K・フェアバンク(平野健一郎、蒲地典子訳)『中国回想録』(みすず書房、一九九四年)五六二―五六三頁。ウォレン・I・コーエン(小谷まさ代訳)『アメリカがアジアになる日』(草思社、二〇〇二年)七頁、も参考になる。

(15) J・K・フェアバンク(平野健一郎、蒲地典子訳)『中国回想録』六〇三―六〇四頁。

# 第二章　史料案内

## ロシア対外政策公文書館を訪れて

モスクワに厳寒期が到来する直前の一九九九年十一月、ロシア対外政策公文書館（Arkhiv vneshney politiki Rossiyskoy Federatsii, 以下AVPRFと略称）を訪れた。一九二〇年代の東アジア国際政治史を主題とした博士論文に、旧ソ連の外務省記録を加味するためである。[1]

ロシア革命以降の外交文書を保存しているAVPRFは、スモレンスカヤ広場に面したロシア外務省の付近に位置する。しかし、許可を得ずにAVPRFを訪問しても、史料を閲覧することはできない。許可が下りるには数週間を要するため、短期滞在には日本での事前申請が不可欠となる。

### 事前の申請

筆者が最初に申請を行ったのは、一九九九年の二月下旬であった。正式な書式があるのか不明であったため、とりあえず研究課題と調査目的を記した書翰をAVPRFに送付した。その際に、文書の請求や複写の方法、および閉館期間についても質問しておいた。宛先については、AVPRFからほど近い外務省宛とした。AVPRFから送られてきた返信の所在地も同じなので、これでよいのだろう。書翰の言語には、英語を用いた。

返信はAVPRF主任名にて、四月上旬の日付で送られてきた。閲覧を許可するので訪問期間を事前に知らせて欲しいとのことであった。返信に時間がかかったのは、書翰の言語に加えて、ロシア側の郵便事情にも一因があるのだろう。上記の質問事項に対する回答はなかったので、AVPRFに電話してみた。ところが、AVPRFには英語を話せる方が非常に少ないらしく、語学力の不足した者としては要領を得なかった。そのため、ファックス番号をお訊きし、そちらを活用するようにした。

そのファックス番号に夏休み中の訪問を希望すると伝えたところ、今度は翌日にファックスで回答があった。八月上旬から九月中旬まで閉館するとのことであった。噂には聴いていたものの、ここまで長期にわたって閉館するとは思わなかった。外国の研究者には痛いところだ。九月下旬に再度ファックスを送信し、十一月に訪問予定であることを告げた。

同時に当然ながら、航空便やホテル、および査証を手配した。意外だったのは、大手旅行会社がそろってモスクワのホテル予約に苦労したことであった。ロシア研究者には常識なのかも知れないが、ＪＨＣでも予約できないのには驚いた。そこで、大手旅行会社で予約しておいた航空便を解約し、ロシア旅行専門会社に頼ることにした。

さらに、先行研究に加えて、稲葉千晴編『ロシア外交史料館日本関連文書目録Ⅱ（一九一七〜一九六二）』（ナウカ株式会社、一九九六年）を参照し、閲覧予定の文書番号をファックスで通知しておいた。

## モスクワにて

地下鉄 Smolenskaya 駅から徒歩五分程の AVPRF は、Plotnikov Pereulok 11 に位置する。徒歩であれば、クレムリンやレーニン図書館の側から歩行者天国の Arbat 通りを西方に向かい、外務省に辿り着く直前で左折する。月曜日から金曜日まで開館しており、閲覧時間は十時から五時まで。ただし、金曜日だけは三時で閉館となる。

入口では簡単な審査がある。審査といっても、警官が AVPRF の名簿に名前が記載されているかを確認し、番号札を渡すだけである。事前に許可を得た上で、訪問期間を通達してあれば、名簿に自分の名前が記載されているであろう。その際にパスポートとビザを提示するが、ビザは通常の観光用で問題なかった。大学の紹介状も一応持っていったが、提示を求められることはなかった。

地下一階にある閲覧室では、まず簡単なアンケートに記入する。記入項目の一つに、研究課題という欄がある。ここには、幅を持たせて課題や年代を記入すべきであろう。文書請求時にこの項目を照合することが稀にあるためである。AVPRFは各研究者ごとに個人ファイルを作成しており、AVPRFとの往復書翰やファックスの写しは全てここに保存してあった。

文書申請に関しては、一度に十件までファイルを申し込むことができる。ここでいうファイルとは、ロシアで一般的な文書番号であるfond（大項目）― opis（中項目）― papka（小項目）― delo（個別ファイル）のうち、deloを指す。申請書には、研究課題や文書番号の記入欄がある。この時、AVPRF最大の問題に直面することになる。閲覧室には目録がなく、アーキヴィストとも直接に相談できないのである。そのため、文書申請に苦労したことは当然であり、保存や公開の全般的状況も把握できなかった。

このような状況下で申請する方法は、大別して二つある。第一は、研究課題を記入することはもとより、先行研究や刊行目録に依拠して文書番号を詳細に指定する方法である。しかしこの場合、文書があることは分かっていても、閲覧を許されないことが非常に多い。その際には、機密度の低い関連文書が搬出される。

具体的には、fond 0100の中国関係機密文書、fond 0146の日本関係機密文書、fond 04のチチェリン外務人民委員官房機密文書、fond 05のリトヴィノフ外務人民委員官房機密文書、fond 08

のカラハン外務人民委員代理官房機密文書といった文書の閲覧は困難であった。例えば、fond 0146の日本関係機密文書から申請すると、それに近いものとして、機密扱いではないfond 146の日本関係文書が出てくるという具合である。

第二の方法としては、文書番号が分からない場合、研究課題のみを記載して提出することもできる。AVPRFにて調査していた研究者の多くは、この方法に依拠していたようである。この場合にも問題はある。

一例を挙げれば、「一九一九年の中ソ関係、特に第一次カラハン宣言」という研究課題で申請した時には、fond 08, opis 2, papka 1, delo 1の一件だけが運ばれてきた。ファイルにはわずか三枚の史料が含まれ、秘書の署名が記された完成直前の第一次カラハン宣言に書き込みがなされていた。東支鉄道の無償放棄といった記載はない。作成過程の一部を示すものとしては興味深いが、複数存在説もあるなかで、明らかに情報不足である。別の方法で再申請したいところであったが、時間切れになってしまった。

### 公開と複写

史料は通常二、三日で搬出されてくるが、その期間は一定していない。翌日に出てきたかと思うと、二週間後に出てくることもある。

例えば、一九二九年の中ソ紛争に関するものとして請求した fond 08, opis 12, papka 93, dolo 354は、二週間後に運ばれてきた。ファイルの表紙には、「Sekretno」の上に、「RASSEKRECHENO 20．12．1991 g.」と押印されている。つまり、一九二九年から六十二年間機密扱いであったものの、ソ連崩壊の直後に解禁となったことを意味している。その搬出になぜ二週間もかかるのか、理解に苦しんだ。

外務省記録を解禁するかどうかは、元外交官などで構成される外務省委員会の決定事項である。未公開であれば、納得せざるを得ない。むしろ問題なのは、解禁されていても、どの文書をいつ搬出するかがアーキヴィストの専権であり、そのアーキヴィストとは滅多にお目にかかれないことである。

アーキヴィストはそれぞれの管轄を持っており、別室に勤務している。したがって、請求通りに搬出されないからといって、閲覧室の担当者に詰め寄ってもあまり意味はないだろう。閲覧室に目録とアーキヴィストが存在しないため、コネの介在する余地が生じているようだ。なお、閲覧中に他の文書を追加申請することは可能である。

複写の日数を尋ねたところ、室長いわく十日から十四日かかるとのことだった。だが、経験的には、七日位で閲覧室に届く。複写はAVPRFで受け取らねばならず、発送はしてくれない。短期滞在の場合には、閲覧日程を細かく説明し、確実に受領したい。

複写料金については、一枚一ドルを近くの銀行で支払うように指示される。ただし、それは外国人料金である。ロシア人は一枚四ルーブルであり、外国人は約五倍の金額を支払う計算になる。全冊複写は許されず、全冊複写を申請すると差し戻しになる。ただし、一枚でも複写しない頁があればよいので、ほぼ全冊を複写することは十分に可能である。

いずれにせよ、最後の一週間は複写請求しても受け取りに行けないので、筆写せざるを得なくなる。パソコンの使用も許されない。前述の第一次カラハン宣言に関しては全文を筆記し、週末にロシア国立公共歴史図書館を訪れ、刊行されたソ連外交文書 *Dokumenty vneshney politiki SSSR* と対照させた。レーニン図書館が部分的に工事中なので、この文献を閲覧できなかったためである。

また、AVPRFでは英語がほとんど通じない。館員と複雑な話をする際には、時としてロシア人の閲覧者に英語が話せるか尋ねてまわるという荒技を演じざるを得なかった。しかし、確率は極めて低かった。レーニン図書館やロシア国立公共歴史図書館でも英語が通じにくいのだから、当然であろう。そもそも、閲覧室には平均して四、五名の研究者しかいない。

ただし、予期せぬ研究者と偶然知り合うという副産物はあった。その著名な研究者の御自宅を訪問した際には驚かされた。明らかに機密性の高い文書の複写を大量に保有していたからである。

## 結びにかえて

結局のところ、博士論文をソ連側史料で補足するという当初の目的は、十分に達成できなかった。情報と人脈の共有が必要であることを普段にも増して痛感した。長期滞在が許されない現状では、いつまで待って、どこまで原文書を読めばよいのか分からなくなってしまった。もう一つ分からないことがある。AVPRFが今後の外交史研究や国際関係史研究に占める位置である。今後の学界では、AVPRFに所蔵される旧ソ連の外務省記録が幅広く活用され、民国期中国外交文書の公開なども呼応して、視野を拡げようとする研究が増えていくのだろうか。あるいは従来通り、主として日本とアメリカの史料に依拠した研究が多数を占め続けるのだろうか。

筆者が学部を卒業して研究を本格的に始めた時、既にソ連は崩壊していた。そのことは二つのことを意味している。第一に、同世代以降の者は、研究の開始当初からアルヒーフと呼ばれるロシアの各公文書館を活用できる。そして第二には、かつて隔靴掻痒の思いで眺められてきたロシアに対し、若手研究者は以前ほどの魅力を感じなくなる可能性もある。

そのため、直接触れることのできる文書が飛躍的に増えたとしても、それに見合うだけの良質な研究が急増するとは限らない。そういえば最近の大学生は、第二外国語としてヨーロッパの言語よりも中国語や韓国語を選ぶ傾向にあるようだ。今後、新たに外交史や国際関係史に着手する者の多くは、ヨーロッパよりもアジア太平洋地域の研究に引き寄せられるのかもしれない。

三週間の滞在中にモスクワでは積雪が始まり、平均気温は零下となった。厳寒期の外出には、耳まで覆える帽子が手放せなくなる。

【付記】

最近の案内文としては、横手慎二「ロシアの文書館事情」（『現代史研究』第四十七号、二〇〇一年）九十二―九十八頁がある。これを読む限り、AVPRF の公開状況に大きな変化はないものと推察される。

（1） 博士論文はその後、拙著『東アジア国際環境の変動と日本外交 一九一八―一九三一』（有斐閣、二〇〇一年）として刊行された。

## 中華民国外交部档案庫の所蔵公開状況

歴史認識の乖離が問題視されるようになって久しい。[1] 単に日本と関係各国の間で歴史観が一致しないだけではない。この問題は常に政治化する危険性を内包している。日本と関係各国の間には、互いの歴史観に対する根強い不信感が存在するのであり、その溝を着実に埋めていくことは研究者に課せられた責務の一つでもある。だが現実には、その溝は深まっているかにもみえる。

ごく一例を挙げてみよう。一九二八年の済南事件をめぐる日本側史料は、国民革命軍による「掠奪」を事件の発端とすることで一致している。だからといって、直ちに「掠奪」を事件の起源と結論づけるならば、中国や台湾の研究者は納得しないだろう。日本側が国民革命軍による「掠奪」に端を発したと主張する満州日報販売店での衝突は、中国側史料では、政治宣伝用のポスターをめぐる口論に日本軍が武力行使したことに起因するとされるからである(2)。

この種の問題を克服するためには、関係各国の史料を徹底的に調査し、丹念に比較検討する以外にない。だが、日本外交史研究者が関係各国の外交文書を活用する際には、主としてアメリカ側史料の閲覧にとどまることが多い。

とはいえ、そのことを批判するつもりは毛頭ない。酒井哲哉氏の指摘するように、日本外交史研究では多くの場合、むしろ内政と外交の相互規定性が分析視角となってきた(3)。これ自体はよき伝統というべきだろう。ただ、歴史認識の乖離という現実の問題に、実証研究の面から応え得るのかという疑問は残る。

筆者自身も、一九九二年夏に初めて台湾を訪問した頃には、各地に散在する中国側史料の状況を全く理解していなかった。当時まだ陽明山にあった中国国民党中央委員会党史委員会などを訪問したものの、研究を開始した直後でもあり、下準備からして不十分であった。そのため、一九二〇年代の東アジア国際政治史研究を試みたはずの修士論文では、中国が日米英ソ各国間外交の舞台としてのみ描かれるという結果に終わってしまった。

しかし、川島真氏の先駆的な紹介文によって、中央研究院近代史研究所や国史館をはじめとする各文書館の所蔵公開状況が知られるようになってきた[4]。また、ロシア対外政策公文書館も、徐々にではあるが利用され始めた[5]。

ここで付言しておきたいのは、今まで比較的に利用されてこなかった中華民国外交部档案庫についてである。同档案庫には、国史館に移管されずにいる外交档案が所蔵されている。

档案は亜東太平洋司、亜西司、非洲司、欧州司、北美司、中南美司、貿易事務司、研究設計委員会、人事処、亜東関係協会、北美事務協調委員会、条約法律司、国際組織司、新聞文化司、礼賓司、総務司、秘書処、国会連絡組、領事事務局、档案資訊処、会計処、電務処、に区分されている。国史館に移管された档案の件名を記した目録も存在する。

同館は台北市北投区秀山路二十四号に位置するが、閲覧には事前申請が必要である。窓口の台北駐日経済文化代表処文化組（東京都港区白金台五―二十―二）に問い合わせた時点では、所属機関長の推薦状（図書館の推薦状は不可）、閲覧申請書（研究課題、履歴、調査目的、希望期間、勤務先を記入）、調査予定資料、外交機関の推薦状、研究計画要綱、および身分証明書の複写を求められた。

全ての档案が閲覧可能というわけではなく、あらかじめ指定された史料に限って利用できることとなっている。ただし、閲覧を許可されれば、複写は可能であった。

（1）最近の問題提起として、劉傑『中国人の歴史観』（文春新書、一九九九年）第二章、が参考になる。

（2）この点に関しては、一九九八年十一月十五日に東京大学文学部で開催された史学会大会にて、「済南事件の起源」と題して論じたことがある。その要旨は、『史学雑誌』（第一〇七編第十二号、一九九八年）一〇八頁、に掲載されている。この報告は、拙稿「済南事件の経緯と原因」（『軍事史学』第三十四巻第二号、一九九八年、十九―三十頁）を下敷きとして、イギリス外務省記録などの史料を加味したものである。同稿は後に、拙著『東アジア国際環境の変動と日本外交 一九一八―一九三一』（有斐閣、二〇〇一年）に収録された。

（3）酒井哲哉「日本外交史の『古さ』と『新しさ』――岡義武『国民的独立と国家理性』・再訪」（『国際関係論研究』第十三号、一九九九年）二頁。

（4）最近のものとして、川島真「歴史学からみた戦後補償」（奥田安弘他著『共同研究中国戦後補償――歴史・法・裁判』明石書店、二〇〇〇年）十三―四十七頁。特に四十三頁の注三に、同氏の紹介文が列挙されている。

（5）拙稿「ロシア対外政策公文書館を訪れて」（『近現代東北アジア地域史研究会ニューズレター』第十一号、一九九九年）十三―十七頁、を参照されたい。同稿は、本書第二章に収録されている。

## 戦間期イギリス外交の個人文書等について

全ての歴史は現代史だといわれることがある。歴史研究には時として、無意識のうちに現代的な価値観が混入してしまうためであろう。筆者がこれまで手掛けてきた一九二〇年代の東アジア国際政治史研究に関していえば、日米協調の形成と崩壊という視角が主流を占めてきたように思える。もちろん、そのような解釈には一定の真理が含まれている。だとしても、いわゆるワシントン体制論が日米関係に還元されがちな背景には、現代的な世界観が無自覚のまま過去に投影されてきた側面がありはしないだろうか。

実際のところ、英米両国の外交文書を丹念に比較検討するならば、戦間期のイギリスはアメリカに比肩する役割を果たしていたことが分かる。当該期の日本政府文書では「英米」と表記されるのが一般的であり、イギリスがアメリカに比肩する大国と認識され続けたことも重要であろう。

本稿では、そうした研究状況を再考する手掛かりとして、戦間期イギリス外交をめぐる個人文書をいくつか採り上げてみたい(1)。また、所蔵検索が可能なホームページの存在や、英国図書館(British Library)の改築に伴う移管といった近況についても言及する。

なお、筆者はイギリス外交史を専攻しているわけではない。東アジア国際政治史の立場から史料を閲覧してきたにすぎない。訪英の目的は主として博士論文の関連であったため、年代的には一九二〇年代に偏りがあることもお断りしておきたい(2)。

以下では、UK National Register of Archives(NRA), Public Record Office(PRO), 閣僚級の個人文書、外交官などの個人文書、という順序で論じていく。

## UK National Register of Archives（NRA）

まず、UK National Register of Archives（NRA）のホームページ（http://www.hmc.gov.uk/nra/nra2.htm）を紹介しておきたい。

ここでは、イギリス国内に所蔵されている史料の保存公開状況を調べることができる。そのホームページは、大学図書館をはじめとする諸機関を相当程度にまで網羅している。しかも、多様な方法で検索することが可能となっている。

例えば、一九二〇年代に外相を務めたオースティン・チェンバレン（Austen Chamberlain）の名前で検索してみると、五十件以上がヒットする。とりわけ、バーミンガム大学（Birmingham University）や Public Record Office（PRO）に個人文書が所蔵されていると瞬時に分かる。

そこからさらに、"Birmingham University Information Services, Special Collections Department" をクリックすると、所蔵図書館の所在地、開館時間、電話番号、ファックス番号、メール・アドレス、ホームページといった情報まで得られる。

このようなホームページの存在は、おそらくは世界的にも先駆的なものであろう。とりわけ、イギリス国外の研究者には至便である。

### Public Record Office (PRO)

PROはイギリス史の研究において、最も著名な史料館である。詳述は不要であろう。特筆すべきことには、ホームページ（http://catalogue.pro.gov.uk）を通じて外部から検索が可能となっている。ここでもやはり、多様な検索方法が可能になっている。

ちなみに、博士論文の関係で主として参照したのは、FO 228, 262, 371, 374, 608, 800, などであった。留意すべきことに、FO 800シリーズには個人文書が含まれており、かなりの部分がマイクロフィルム化されている。

例えば、前述したオースティン・チェンバレンのmiscellaneous correspondenceはFO 800/256-263となっている。このFO 800シリーズは、各大学などに所蔵されている個人文書とは基本的に別物である。玉石混淆だけに、読解にはかなりの根気を要する。

### 閣僚級の個人文書

閣僚級の個人文書については、Cameron Hazlehurst, Sally Whitehead and Christine Woodland eds, *A Guide to the Papers of British Cabinet Ministers, 1900–1964* (Cambridge: Cambridge University Press, 1996), が便利である。

以下では、ロイド・ジョージ文書、バルフォア文書、カーゾン文書、チェンバレン文書、レディング文書、サイモン文書について、イギリス―東アジア関係の観点からみていきたい。

(1) ロイド・ジョージ文書（D. Lloyd George Papers, House of Lords Record Office）

一九一六年から一九二二年まで首相の任にあったロイド・ジョージの文書は、貴族院史料館（House of Lords Record Office）に保存されている。

紹介状は不要だが、貴族院の館内だけに警備が厳しい。座席数も限られているため、予約した上で訪問すべきだろう。利用方法の詳細については、議会のホームページ（http://www.parliament.uk）の Index にある Archives, Parliamentary をクリックして参照されたい（http://www.parliament.uk/parliamentary_publications_and_archives/parliamentary_archives.cfm）。

ロイド・ジョージ文書には膨大な目録があり、特に首相期が充実している。もっとも、ロイド・ジョージ自身が東アジア政策に強い指導力を発揮したわけではない。一例を挙げれば、ワシントン会議に関するバルフォア前外相（Arthur James Balfour）の請訓にロイド・ジョージが機敏に対応した形跡は見当たらないし、電文にも書き込みがほとんどない。

だからといって、ワシントン会議の極東問題にイギリス側の意向が反映されなかったわけでもない。バルフォアが訪米中に寄せた中国に関する初期方針は、いわゆるルート四原則に近い内容を含んでいる。イギリス側の意図は、結果的に九カ国条約に盛り込まれたとみるべきだろう[3]。

(2) バルフォア文書（Arthur James Balfour Papers, Manuscript Reading Room, British Library）

ロイド・ジョージ内閣の下で、一九一六年から一九一九年まで外相を務めたのがバルフォアであった。

British Libraryの新築に伴い、バルフォア文書は一九九九年一月以降、同館のManuscript Reading Roomに移管されている。目録番号はadditional Mss 49683-49962であり、紹介状は不要となっている。

史料請求は、他の部局と同様に、館内のパソコン上で行う。ファイルが到着すると、卓上の点灯で知らせてくれる。複写は割高だが、日本への郵送も依頼できる。なお、外部からもホームページ(http://molcat.bl.uk/msscat/index.asp)を通じて所蔵検索が可能となっている。

(3) カーゾン文書(George Nathaniel Curzon Papers, Oriental and India Office Collections, British Library)

かつてのIndia Office Library and Recordsが、Oriental and India Office Collectionsの一部としてBritish Libraryに移管された。その中には、カーゾン文書やレディング文書(Lord Reading Papers)が含まれている。ここでも紹介状は不要である。

カーゾンは、一九一九年から一九二四年まで外相を務めた。カーゾン文書は、Mss Eur F 111, 112,に収められている。そこでは、外務省関係の電文や書翰がファイルされていた。バルフォア文書と同様に、カーゾン文書も複写が可能となっている。

カーゾン文書は、部分的にマイクロフィルム化されている。その場合には、同室内で容易に複写できる。また、マイクロフィルム化されていない部分に関しても、複写請求すれば日本まで送ってくれた。

なお、当然ながら、カーゾン文書は一部がバルフォア文書と重複している。

(4) チェンバレン文書（Austen Chamberlain Papers, Special Collections, Main Library, University of Birmingham）

オースティン・チェンバレンは、一九二四年から一九二九年まで外相の任にあった。その個人文書が、バーミンガム大学に所蔵されている。バーミンガムには国際空港があり、ロンドンを経由しなくても訪問できる。入館に際して紹介状を提示すると、図書館利用証を発行してくれる。

オースティン・チェンバレン文書は膨大である。それでも、*Austen Chamberlain Papers Handlist; Austen Chamberlain Papers: Letters Additional; Austen Chamberlain Collection: Catalog Records,* といった目録が完備していた。ジョセフ・チェンバレン（Joseph Chamberlain）やネヴィル・チェンバレン（Neville Chamberlain）の個人文書もここにある。

その三文書ともマイクロフィルム化が進んでおり、主要なものに関してはマイクロフィルムから複写できた。なお、ジョセフ・チェンバレンは、一八七三年から一八七六年までバーミンガム市長を務めている。最晩年の一九〇〇年から一九一四年までは、バーミンガム大学初代総長の肩書であった。

外相期のオースティン・チェンバレン文書には、エリオット駐日大使（Charles Norton Edgeumbe Eliot）やハワード駐米大使（Esme W. Howard）、ランプソン駐華公使（Miles Wedderburn Lampson）、ティリー駐日大使（John A. C. Tilley）、チャーチル蔵相（Winston S. Churchill）などとの往復書翰が収められている。

なかでもランプソンは、頻繁に長文の書翰をチェンバレンに送っている。そこには、公式の電文には書きにくいような内容も含まれている。後述のように、オックスフォード大学所蔵のランプソン文書がもっぱら日記で占められているだけに、貴重といえそうだ。

(5)　レディング文書（Lord Reading Papers, Oriental and India Office Collections, British Library）

レディングは、一九三一年八月から十一月まで外相であった。前述のカーゾン文書と同様に、レディング文書はBritish LibraryのOriental and India Office Collectionsに所蔵されている。ここでは、Mss Eur E 238, E 316, F 118, といった史料群の中から外相期の書翰や電文を閲覧した。

そのレディングが外相に在任している間で、東アジア国際政治における最大の事件は満州事変であった。刊行されたイギリス外交文書には、Reading to Lampson, October 9, 1931, Rohan Butler and J. P. T. Bury eds, *Documents on British Foreign Policy 1919–1939* (London:

Her Majesty's Stationery Office, 1960), second series, vol. 8: p. 733, といったものが含まれている。

しかし、当時レディングがサイモン（John Allsebrook Simon）やマクドナルド（James Ramsay MacDonald）に宛てた書翰では、満州事変にはほとんど言及されていない（Mss Eur F 118/101, F 118/116B）。

(6) サイモン文書（John Allsebrook Simon Papers, Modern Papers and John Johnson Reading Room, New Bodleian Library, University of Oxford）

レディングに次いで外相に就任したのは、サイモンであった。サイモンは、一九三一年十一月から一九三五年六月まで外相を務めた。

サイモン文書は、オックスフォード大学の中心的な図書館 Bodleian Library の新館に所蔵されている。そこでの閲覧に際しては、紹介状を持参した上で、利用証を発行してもらう必要がある。サイモン文書のなかでは、日記、手帳、書翰、演説原稿などが有益であろう。その他、刊行物や新聞記事、および写真が二八四箱の過半を占める。サイモン文書には目録があり、複写も可能となっていた。

一九三一年十一月頃のサイモン日記には、満州事変における日本の意図を計りかねている模様が散見される（Simon diary, November 1931, box 6）。ただし、その書翰で東アジアに強い関心が示され始めるのは、上海事変においてである（Simon to James Ramsay MacDonald, January 29, 1932, box 70）。

## 外交官などの個人文書

上記に明らかなように、イギリスの閣僚級が東アジア政策に一貫して関心を示していたわけではない。

だとすれば、日英外交史や英中外交史、さらには英米外交史における東アジア問題の分析視角として、政策過程やキャリア・パス・パターンを読み解くことが必要となるのであろう。イギリスの閣僚級は概して東アジア政策の知識や意欲に乏しいため、外務省極東局や在外公館に依存する割合が高くなるためである。この点については、本稿の最後で再考してみたい。

さしあたり以下では、イギリス外交官などの個人文書を追ってみよう。

(1)　ランプソン文書（Miles Wedderburn Lampson Papers, Middle East Centre, St. Antony's College, University of Oxford）

ランプソンは、一九二六年十月から一九三四年一月まで駐華公使を務めた。

そのランプソン文書を所蔵するオックスフォード大学の Middle East Centre へ行くには、ロンドンのパディントン駅から一時間ほどのオックスフォード駅で下車する。オックスフォード駅からは、徒歩十五分ほどでMiddle East Centreに到着する。所在地は68 Woodstock Road, Oxfordであり、ロンドンからの日帰りも十分可能な距離となっている。上述のNew Bodleian Library, University of Oxfordからも近い。

座席確保のためもあり、事前連絡はしておくべきだろう。E-mailで訪問予定を通知したところ、Private Papers Collection Reader Informationが送られてきた。紹介状は必要である。

ランプソン文書の中心は日記となる。日記は一九二六年から一九五一年に及んでおり、駐華公使期はもとより、エジプトやスーダン、東南アジア勤務のものが七箱に残されている。Box 1にvol. 1: 1926–1928とvol. 2: 1929が収められており、Box 2はvol. 3: 1930およびvol. 4: 1931といった具合だ。一九二六年十月から一九二七年一月のランプソン日記は手書きとなっているが、それ以降はタイプ打ちされている。

ランプソンは、中国への赴任と同時に日記をつけ始めた。そのため、ランプソンが山東問題交渉で活躍したワシントン会議時の日記は残されていない。ただし、日英米中各国の外交文書を比較検討することで、ワシントン会議でのランプソンについては相当程度まで復元できるだろう。

ランプソン日記は詳細であり、人物描写を含めて、実に興味深い内容となっている。例えば、芳沢謙吉公使と重光葵公使に対するランプソンの観察を比較しながら読むこともできる。近年、複写が許されるようになった。

なお、駐華公使期のランプソンについては、博士論文として、Harold Edwin Kane, *Sir Miles Lampson at the Peking Legation 1926–1933* (University of London, 1975), がある。同稿は、マイクロフィッシュで慶應義塾大学図書館に所蔵されている。また、長期に及ぶエジプト大使期の日記は、部分的に刊行されている。(4)

(2) オマリー文書 (Owen O'Malley Papers, St. Antony's College Library, University of Oxford)

ランプソン文書と対比して読まれるべきは、オマリー文書であろう。筆者の場合、オマリー文書がオックスフォード大学のどこに所蔵されているのか事前に確認できなかった。このため、オックスフォードで右往左往してしまった。

それでも、前述のMiddle East Centre, St. Antony's College, University of Oxfordを訪問した際に照会したところ、オマリー文書はSt. Antony's College Library, University of Oxfordに所蔵されていることが分かった。ただし、St. Antony's College Libraryは、本来的に史料館ではない。したがって、オマリー文書の閲覧が常時可能というわけではない。そのため、一旦、ロンドンに引き返して予約を入れ直し、数日後にSt. Antony's College Library, University of Oxfordを訪れた。

St. Antony's College Libraryは、ランプソン文書を所蔵するMiddle East Centreから至近距離にあった。厳密にいえばMiddle East Centreにも書翰一通のみのオマリー文書が存在する。また、National Library of Ireland, Dublin にもオマリー文書が所蔵されているはずだが、筆者は未見である。

オマリーは一九一一年に外務省入りし、一九二五年から一九二七年まで駐華英国公使館参事官を務めた。その後の経歴は、counsellor, Foreign Office, 1933–1937; envoy extraordinary, Mexico, 1937–1938; British embassy to Spain at St. Jean de Luz, 1938-1939; British minister to Hungary, 1939–1941; British ambassador to Poland in London, 1942–1945; British ambassador to Portugal, 1945–1947, などとなっている。

St. Antony's College Library のオマリー文書は十フォルダーから構成されており、全て駐華英国公使館参事官期のものである。複写は許されない。

オマリーが駐華英国公使館参事官であった頃のイギリスは、中国での治安維持を強く意識していた。一九二七年末のランプソン駐華公使日記によれば、当該期の対中政策をめぐるイギリス側の対応には、漢口・九江英租界接収に妥協したオマリーの路線と、妥協に批判的なランプソンとの二つの路線があったという(5)。

しかし、陳友仁外交部長との租界接収交渉を主導したオマリー自身が漢口からランプソンに宛てた私信などと対照すれば、両者の立場に決定的な差異はなかったことが分かる。オマリーによれば、「陳の背後にある急進派と交渉している」現状では、「漢口で無事に妥結することが最大の上海防衛」

であるというのだ。(6)

その後にオマリーは、一九二七年八月から十月に中国東北や日本、および東南アジアを精力的に視察する。その際には、中国よりも断然日本に好印象を得ている。(7) もっとも、個人的な感情が現実の対外政策にどこまで反映されたかについては、公文書を交えて慎重に判断しなければならない。

いずれにせよ、あまり知られていない史料なので、以下に簡単な目録を掲載しておきたい。

1. Red volume of letters, including from W. Strang, 1926–1927.
2. Marbled volume, China 1926: letters; 1926 Tariff Conference report; memorandum by G. E. Hubbard on British policy in China, 1926.
3. Folder, Beijing 1926: letters to W. Strang, 1926.
4. Folder, June 1926: letter from the SS Cleveland; essay on China; trade statistics, 1926.
5. Letters including some to W. Strang; report on the Canton troubles; report from the Hong Kong Police; extracts from the Canton Gazetteer, 1923–1926.
6. Folder, the great scandal - China: letters, July 1926.
7. Folder, Hankow 1927: letters, January - February 1927.
8. Folder, Hankow: letters, 1927.

9. Folder, February - June 1926 in Beijing, 1926.

10. Folder, account of a journey from Beijing, August - October 1927: typescript illustrated with photographs.

(3) プラット文書（John Thomas Pratt Papers, Special Collections Reading Room, School of Oriental and African Studies Library, University of London）

東洋学で世界的に著名なSchool of Oriental and African Studies（SOAS）にプラット文書が所蔵されている。

プラットは十九世紀末から一九二〇年代中頃まで領事館に勤務した後に、外務省極東局顧問となった。所蔵先のSchool of Oriental and African Studies Libraryを訪問するには、紹介状が必要となる。ただ、先程のオマリー文書と異なり、このプラット文書や後述のアグレン文書（Francis Arthur Agren Papers）とメーズ文書（Frederick Maze Papers）は常時閲覧が可能となっている。

プラット文書は二十九箱一一三ファイルから成る。内容は、十九世紀末から朝鮮戦争までと広範囲に及ぶ。*Handlist of the Papers of Sir John Thomas Pratt*によれば、プラット文書は下記のように区分されている。

File 1–8: General correspondence

File 9–29: Korean War

File 30–64: Personal and family correspondence

File 65–109: Published works, articles, lectures by JTP

Material on China (file 65–87)

Material on Korea (file 88–93)

Material relating to the Far East in general (file 94–109)

File 110–113: Miscellaneous

内容的には、PRO所蔵のFO 371シリーズなどとの重複が少なくない。とはいえ、長期にわたって東アジア政策に関与し続けた外交官の個人文書としては、やはり貴重であろう。また、additional materialとして、file 114がある。

(4) アグレン文書（Francis Arthur Agren Papers, Special Collections Reading Room, School of Oriental and African Studies Library, University of London）

最後に、中国海関に係わる個人文書を簡単に紹介しておきたい。

SOAS所蔵の海関関係文書を略述したものとして、Library of the School of Oriental and African Studies ed., *Papers relating to the Chinese Maritime Customs 1860–1943* (London: Library of the School of Oriental and African Studies, 1973）がある。中国海関総税務司の個人文書としては、アグレン文書やメーズ文書が所蔵されている。

アグレンは一九一〇年から一九二七年まで中国関税総税務司（inspector general）を務めた。アグレン文書は、1 vol. だけで構成されている。例えば、一九二三年の孫文による海関接収問題に関するものが所収されている。

（5） メーズ文書（Frederick Maze Papers, Special Collections Reading Room, School of Oriental and African Studies Library, University of London）

メーズは一九二九年から一九四一年まで中国関税総税務司を務めた。

メーズ文書は65 vols. から成っている。主な内容としては、confidential letters and reports, etc. 22 vols., mainly covering the years 1926–1943; semi-official letters, 9 vols., 1904–1928; inspector general's personal correspondence, 10 vols., 1937–1941, などとなっている。

なお、プラット文書と同様、アグレン文書やメーズ文書を閲覧する場合にも、School of Oriental and African Studies Library の入口で紹介状の提示を求められる。

## 結びにかえて

研究者は通常、日本国内で入手できる史料を活用した上で訪英し、PROで政府文書を閲覧の後に、余力があれば各大学などを訪問して個人文書を読解するという手順を踏む。政府文書を読み慣れているると、最終段階で、個人文書から意外な印象を受けることがある。

というのも、首相や外相といった閣僚級は概して東アジアに対する関心が低く、知識も限られている。その結果として、外務省極東局や在外公館に依存する割合は高くなる。このため、外相名で発せられた電文の印象が、個人文書には妥当しないことになる。最終段階であるはずの個人文書によって、研究の振り出しに戻されたような感覚に陥ることが何度もあった。

また、イギリス外交官の個人文書については、当該期アメリカ外交官の個人文書と比較してみると、特徴が浮き彫りになる。東アジア政策に携わったアメリカの外交官が親中派か親日派に別れる傾向にあるのに比して、イギリスの外交官からそのような区分を明確に読み取ることはできないからである。とりわけ、芳沢公使と親密な関係を築いてきたランプソン駐華英国公使の日記は、イギリス外交の根底にある対日観の推移を示唆しており、熟読を避けて通れない(8)。

したがって、イギリスの東アジア政策を研究する際には、私文書を交えて内部過程を意識的に読み解くような視座が必要となるのだろう。私信にはどのような書き込みがなされており、いかなる順序で誰に回覧されたかといった情報は、やはり原文書を確認しなければ分からない。

例えば、一九二五年七月三十一日付で、エリオット駐日大使からチェンバレン外相に宛てられた書翰がある。その書翰には、ウェルズレー外務次官補(Victor A. A. H. Wellesley)からイギリス外務省極東局に回覧されたと記されている。そのエリオット書翰は、目前の北京関税特別会議に関して幣原外相に近い立場から諸策を進言するとともに、香港大学副学長を務めた経験を踏まえアメリカ式の中国人教育を批判していた。(9)

加えて、イギリス外交官のキャリア・パス・パターン分析なども有効だろう。ただし、そうした分析の基礎となる *Foreign Office List* シリーズが、ほとんど国内では所蔵されていない。管見の限りでは、慶應義塾大学図書館には比較的にそろっている。とはいえ、*Foreign Office List* シリーズはPROで開架になっており、役職や個人名の特定にも簡便である。(10)

アーキヴィストの観点からも、個人文書の検索が可能なホームページの存在やBritish Libraryの改革には、参考にすべきものが少なくないだろう。アメリカの大学と異なり、大学図書館の利用に際しては、原則として所属機関からの紹介状を求められることにも留意したい。

(1) 最近の邦語史料案内として、佐藤元英編『日本・中国関係イギリス外務省文書目録』全三巻（クレス出版、一九九七年）、藤谷浩悦「イギリスの近代中国関係史料——ロンドンを中心に」（『近代中国研究彙報』第二十号、一九九八年）一—四十二頁、がある。その他には、後藤春美「一九二〇年代中国にかかわったイギリス人」（『千葉大学留学生センター紀要』第七号、二〇〇一年）八十九—九十八頁、も興味深い。

(2) 博士論文はその後、拙著『東アジア国際環境の変動と日本外交　一九一八—一九三一』（有斐閣、二〇〇一年）として刊行された。

（3）この点に関する最近の研究として、後藤春美「一九二〇年代中国における日英『協調』」（木畑洋一、イアン・ニッシュ、細谷千博、田中孝彦編『日英交流史 一六〇〇―二〇〇〇』第一巻、東京大学出版会、二〇〇〇年）二七九―三〇八頁、特に二八〇頁、が参考になる。また、海軍問題に焦点を合わせた最近の研究としては、三浦一郎「ワシントン海軍軍縮会議と英国」（『早稲田大学大学院法研論集』第九十四号、二〇〇〇年）二〇五―二三二頁、がある。

（4）M. E. Yapp ed., *Politics and Diplomacy in Egypt: The Diaries of Sir Miles Lampson 1935–1937* (Oxford: Oxford University Press, 1997).

（5）Lampson diary, December 31, 1927, vol.1, Miles Wedderburn Lampson Papers, Middle East Centre, St. Antony's College, University of Oxford.

（6）O'Malley to Lampson, February 2 and February 10, 1927, Folder 7, Owen O'Malley Papers, St. Antony's College Library, University of Oxford.

（7）O'Malley, "Account of a Journey from Peking: August to October, 1927," Folder 10, O'Malley Papers.

（8）この点に関しては、拙稿「中国革命外交と日米英――一九二八―一九二九」（『中国研究月報』第五十四巻第七号、二〇〇〇年）三十九―四十九頁、にて言及したことがある。同稿は、拙著『東アジア国際環境の変動と日本外交 一九一八―一九三一』に収録された。

（9）Eliot to Austen Chamberlain, July 31, 1925, AC 52/346, Austen Chamberlain Papers, Special Collections, Main Library, University of Birmingham.

（10）慶應義塾大学図書館で所蔵を確認できた範囲は、左記の通りである。なお、一九五〇年代までの冊子は、外部保管となっていた。

*The Foreign Office List: Forming a Complete British Diplomatic and Consular Handbook* (1902–1903, 1905–1906)

*The Foreign Office List and Diplomatic and Consular Year Book* (1907–1965)

*The Diplomatic Service List* (1966–1967)

なお、*Foreign Office List* シリーズを用いて駐日英国外交官の駐在状況を記したものとして、桑田優「二十世紀前半の駐日英国外交官の駐在状況」（『神戸国際大学紀要』第五十六号、一九九九年）七十九—一六四頁、がある。

# 第三章　国際会議

## 南開大学日本研究センター主催国際会議「国際関係と東アジアの安全保障」の概要

二〇〇〇年の夏休みを利用して中国を訪れた。瀋陽と哈爾浜にて民国期東北史の史料調査を行った後に、天津で南開大学日本研究センター主催の国際会議に出席するためである。以下では、その概要について略述してみたい。

### 瀋　陽

瀋陽では、主として遼寧省档案館に通った。当初の予定では、中東鉄路档案や軍閥档案、および鉄路局档案を閲覧するつもりであった。しかし、事前に書翰で問い合わせたところ、左記のような档案は非公開であることが判明した。

JC 1：全宗名称「東北政務委員会」、一九二九—一九三一年、案巻数量九十四。

JC 8：「東三省交渉総署」、一九二四—一九三〇年、案巻数量四六六。

JC 9：「駐奉中俄会議公署」、一九二七—一九二九年、案巻数量二十。

JC 22：「外交部特派奉天交渉員署」、一九一三—一九三一年、案巻数量七二九八。

そのため計画を変更し、以下のような鉄路局档案を中心に調査を行った。以前に新四国借款団や軍閥外交、さらには日ソ関係の視点から中国東北の鉄道問題を分析対象とした際に、東北側史料の必要性を痛感していたからである。

JD 3：「瀋海鉄路局」、一九二五—一九三三年、案巻数量一八二。

JD 4：「吉海鉄路局」、一九二七—一九三四年、案巻数量六五九。

JD 5：「洮昂鉄路局」、一九二五—一九三四年、案巻数量三八四。

JD 7：「四洮鉄路局」、一九一六—一九三三年、案巻数量一一〇四。

JD 11：「吉敦鉄路局」、一九二六—一九三三年、案巻数量四三一。

史料の搬出は円滑であった。また、満鉄档案に関しては日本での刊行が準備されていた。なお、複写料金は中国人の十倍に設定されており、一枚当たりA３またはB４で十元で、A４またはB５で五元かかる。また、ファイル一件当たりの搬出には五元を要する。

## 哈爾浜

黒竜江省档案館でもやはり中東鉄路档案といった史料が未公開のため、哈爾浜では哈爾浜市档案館に通った。哈爾浜市档案館は、哈爾浜市図書館の裏側に移転したばかりである。哈爾浜市档案館に対しても日本から調査申請しておいたが、事前の回答はなかった。ただし、そのことは特に問題とならなかった。

民国史関連の目録としては、『敵偽、旧政権史料目録 ㈠ 哈爾浜部分』、『同 ㈡』、および『刊物資料目録（開放部分）』といったものがある。『敵偽、旧政権史料目録 ㈠ 哈爾浜部分』では、「総合」、「政治」、「社会団体」、「経済」、「東鉄」、「史志」、「文教衛生」、「同学録」、「市政建設」、および「治水」という「類別」になっている。『同 ㈡』では、「総合類」、「政治類」、「社会団体」、「経済類」、「交通類」、および「人物類」という区分になっている。

移転直後のためもあり、大量の史料が再編されている模様だった。ここでは、主として「東鉄」を閲覧した。史料はすぐに搬出されてきた。複写もＡ４が二元、Ｂ５が一元と安価だった。もっとも、市档案館という性質上、筆者のような国際政治史の研究者が必要とするような史料は限られている。

とりわけ中東鉄路档案に関しては、刊行が進んでいるとはいえ、やはり各省档案館所蔵档案の開放が待たれる。

## 天　津

天津では南開大学日本研究センター主催国際会議「国際関係と東アジアの安全保障」に出席した。日程は以下の通りである。

二〇〇〇年九月八日（金曜日）

到着受付　　場　所：紅楼大酒店

20：00―21：00　準備会

場　所：紅楼大酒店二階会議室

参加者：シンポジウム出席者全員、事務局全員

内　容：シンポジウム諸事項の説明と打ち合わせ

九月九日（土曜日）

9：00―10：00　開幕式（場所：南開大学柏苓楼講演ホール）

司　会：楊棟梁南開大学日本研究センター所長

開幕の辞：侯自新南開大学学長

10：00―10：30　記念撮影

10：30－12：30　基調報告（場所：同上）
司　会：馬場明、米慶余
報　告：小島朋之「北東アジア情勢と日本外交――多国間協調メカニズムを目指して」
劉江永「国際関係システムの変遷と東アジアの安全」
14：00－16：00　論文発表（場所：同上）
司　会：カート・ラドケ、王正毅
報　告：アレクサンダー・シュリンドフ「ロシア極東における安全利益」
米慶余「中日米三国関係と東アジアの安全保障」
16：00－16：30　休　憩
16：30－17：50　論文発表（場所：同上）
司　会：川田稔、陳啓懋
報　告：ライナ・ギドメン「新たなグローバル化とアジア経済の展望」
謝定中「東アジア安全構造についての展望」

九月十日（日曜日）

8：30-10：00　分科会

第一グループ（場所：紅楼大酒店二階会議室）

司　会：ライナ・ギドメン、孫承

報　告：周季華「総合安全保障と東アジアの国際新秩序」

梁雲祥「冷戦後アジア太平洋の安全構造の現状と構想」

金熙徳「東アジアの安全問題及びそのパターンの展望」

第二グループ（場所：紅楼大酒店二階会議室）

司　会：孫叔林、李広民

報　者：川田稔「一九二〇年代前後日本の国家構想と対中国政策――山県有朋、原敬、浜口雄幸」

服部龍二「中国革命外交の挫折――中東鉄路事件と国際政治：一九二九年」

陳友華「国際法からみた日本の『満蒙権益』」

10：00-10：30　休　憩

10：30-12：00　分科会

第一グループ（場所：紅楼大酒店二階会議室）

司　会：謝定中、臧志軍
報　告：宋以敏「冷戦体制後の国際関係と東アジア」
カート・ラドケ「東アジア国際関係分析の普遍的国際関係理論」
王正毅「東アジア国際システムの可能性について」
第二グループ（場所：紅楼大酒店四階会議室）
司　会：魯義、熊沛彪
報　告：孫叔林「日本軍国主義前期の対外侵略拡張と東アジアの安全」
陳景彦「東アジアの安全に対する日本政治右翼化の影響」
本澤二郎「国家主義の台頭と改憲・軍拡潮流」

14：00―15：30　分科会
第一グループ（場所：紅楼大酒店二階会議室）
司　会：熊沛彪、梁雲祥
報　告：林暁光「アジア太平洋地域の大国関係――中、米、日三角関係の視点から」
孫承「米日露アセアンのアジア太平洋戦略とその影響」
臧志軍「東アジア地域における多角安全枠組みについて」

第二グループ（場所：紅楼大酒店四階会議室）
司　会：本澤二郎、于美華
報　告：李秀石「日米安保体制と日本の軍事発展方向」
李広民「アジア太平洋の枠組みと日本の結盟政策の選択」
肖偉「日米安保条約の再定義と東アジアの安全保障」

15：30–16：00　休憩

16：00–17：30　分科会

第一グループ（場所：紅楼大酒店二階会議室）
司　会：周季華、金熙徳
報　告：山田辰雄「日中関係の一五〇年――相互依存・競存・敵対」
殷燕軍「中日安全問題と中日相互信頼関係について」
陳啓懋「台湾問題とアジア太平洋の安全」

第二グループ（場所：紅楼大酒店四階会議室）
司　会：孫叔林、陳景彦
報　告：呉妙発「『人道主義関与』の実質に対する試論」
于美華「朝鮮半島形勢の新変化及びその趨勢」

魯義「朝鮮南北統一と大国の安全戦略」

九月十一日（月曜日）

8：30－10：00　分科会

第一グループ（場所：紅楼大酒店二階会議室）

司　会：馬場明、林暁光

報　告：熊沛彪「近代東アジア国際体制の変遷と日本の対外局地拡張」

王珊「海洋戦略と日本の外交」

自由討論

第二グループ（場所：紅楼大酒店四階会議室）

司　会：呉妙発、服部龍二

報　告：徐思偉「占領期日米外交の政治過程」

安成日「池田内閣と張勉内閣の第五回日韓会談」

自由討論

10：00－10：30　休　憩

10：30－12：00　閉幕式（場所：紅楼大酒店二階会議室）

司　会：宋志勇南開大学日本研究センター副所長
分科会総括：殷燕軍（第一グループ）
　　　　　　魯　義（第二グループ）
大会総評：山田辰雄
　　　　　アレクサンダー・シュリンドフ
　　　　　陳啓懋
　　　　　橋本寿朗
閉会の辞：楊棟梁南開大学日本研究センター所長
14：00－17：30　水上公園遊覧

九月十二日（火曜日）
　解散、代表の見送り。

中国側出席者
　劉　江　永　　中国現代国際関係研究所研究員
　于　美　華　　中国現代国際関係研究所研究員

王　珊　中国現代国際関係研究所講師
呉妙発　中国国際問題研究所研究員
宋以敏　中国国際問題研究所研究員
孫　承　中国国際問題研究所研究員
周季華　中国社会科学院教授
孫叔林　中国社会科学院日本研究所研究員
金熙徳　中国社会科学院日本研究所副研究員
林暁光　中共中央党史研究室研究員
魯　義　北京外国問題研究会教授
梁雲祥　北京大学国際関係学院副教授
黄大慧　中国人民大学国際関係学院講師
陳啓懋　上海国際問題研究所研究員
臧志軍　復旦大学国際政治学部副教授
李秀石　上海社会科学院欧亜研究所副研究員
陳景彦　吉林大学東北アジア研究院日本研究所教授
李広民　山西師範大学政法学部副教授

肖　　偉　　天津軍事交通工程学院講師
謝定中　　台湾東華大学大陸研究所教授
米慶余　　南開大学日本研究センター教授
王正毅　　南開大学政治学部教授
殷燕軍　　南開大学日本研究センター、政治学部教授
熊沛彪　　南開大学日本研究センター副教授
林　昶　　『日本学刊』編集者
呉　君　　『人民日報』理論部記者
楊　柯　　『人民日報』海外版記者
李亞彬　　『光明日報』記者
楊　選　　『中国教育報』記者

外国側出席者

小島朋之　　慶応義塾大学総合政策学部教授
山田辰雄　　慶応義塾大学法学部教授
川田　稔　　名古屋大学情報文化学部教授

馬場　明　国学院大学文学部教授
橋本寿朗　法政大学経営学部教授
服部龍二　拓殖大学政経学部講師
本澤二郎　政治評論家
吉永正藏　元日本興業銀行常務理事、南開大学顧問教授
渡辺精子　国連支援財団常務理事
カート・ラドケ　早稲田大学アジア太平洋研究センター教授
イブス・カロン　カナダケベック大学アジア太平洋交流センター博士
ライナ・ギドメン　ドイツ途上国研究所高級研究員
アレクサンダー・シュリンドフ　ロシア社会科学院極東研究所研究員

会議では大別して、現代の安全保障および歴史研究という二つの視点から報告がなされた。会議の報告集は、米慶余主編、宋志勇、藏佩紅副主編『国際関係与東亜安全』（天津：天津人民出版社、二〇〇一年）として刊行されている。

同書に「中国革命外交的挫折――中東鉄路事件与国際政治（一九二九年）」（雷鳴訳、米慶余校正）として掲載された私の報告は、主として拙稿「東アジア構想の相剋――中ソ紛争と国際政治：一九

二九」(『拓殖大学論集　政治・経済・法律研究』第三巻第一号、二〇〇〇年)に依拠しつつ、拙稿「中国革命外交と日米英――一九二八―一九二九」(『中国研究月報』第五十四巻第七号、二〇〇〇年)を加味したものである。双方とも後に、拙著『東アジア国際環境の変動と日本外交　一九一八―一九三一』(有斐閣、二〇〇一年)に収録されている。

## 結びにかえて

訪中のなかで最も印象に残ったのは、やはり南開大学での国際会議であった。会議は終始和やかな雰囲気で行われた。

総じていえば、現代の安全保障については有意義な討論がなされたのに比して、歴史研究では日中間の議論がかみ合わない傾向にあった。個別的な解釈の問題以前に、相互の研究方法には隔たりがあるようにも思えた。

また、日本の歴史認識に対する率直な討論もなされた。中国の日本研究者は朝日新聞をインターネットで閲覧していることが多く、折しも会議中に歴史教科書問題がインターネット紙上に掲載されていたらしい。その一方で、日本外務省記録を使った高水準の実証研究が中国側から提示される場面もあった。

徐々にではあるが、建設的な議論を可能とする素地は、できつつあるのだろうか。

## カリフォルニア大学バークレー校主催シンポジウム
### “Treaty-Bound: Japanese Politics and International Diplomacy, 1853–Present”

秋の深まるバークレーで、日本外交史をめぐる小さな会議が開かれた。

会議を主催したのは、カリフォルニア大学バークレー校の日本研究センター（The Center for Japanese Studies, University of California at Berkeley）であった。そのセンター長でもあるバーシェイ（Andrew E. Barshay）氏が、シンポジウムの司会者を務めた。ちなみに同氏は、『南原繁と長谷川如是閑——国家と知識人・丸山眞男の二人の師』（宮本盛太郎監訳、ミネルヴァ書房、一九九五年）によって、日本でも知られている。

会議のテーマは、サンフランシスコ講和五十周年を契機とした日本外交史の再検討であり、“Treaty-Bound: Japanese Politics and International Diplomacy, 1853–Present”と題された。以下にそのプログラムを引用しておく。

Friday, November 16, 2001

## Panel I

1 : 00 pm–3 : 00 pm

Opening Remarks:

Andrew Barshay, U. C. Berkeley

*Gunboats, Steam Trains and Tsunami: Treating with the Japanese, 1852–1859*

William McOmie, Kanagawa University

*Japan's Entry into the Western International System, 1858–72*

Michael Auslin, Yale University

Discussant

Irwin Scheiner, U. C. Berkeley

Coffee Break

Panel II

3 : 20 pm–5 : 00 pm

*The Washington Conference and East Asia, 1921–1922*

Ryuji Hattori, Takushoku University

*The Origins of the Berlin-Tokyo Axis Reconsidered: From the Anti-Comintern Pact to the Plans to Assasinate Stalin*

Nobuo Tajima, Seijô University

Discussant

Michael Gruttner, Technical University of Berlin

Anthony Adamthwaite, U. C. Berkeley

Reception

5 : 15 pm–7 : 00 pm

Saturday, November 17, 2001

Panel III

10 : 00 am–12 : 00 noon

*Britain and the San Francisco Peace Treaty*

Yoichi Kibata, University of Tokyo

*Japanese Domestic Politics and the San Francisco Treaties*

Leonard Schoppa, University of Virginia

Discussant

William Kirby, Harvard University

Lunch Break

12 : 00 noon–1 : 15 pm

Panel Ⅳ

1 : 15 pm–3 : 00 pm

*The 1972 China-Japan Normalization Agreement in Historical Perspective: Was There a "Bandit of Law"?*

Daqing Yang, George Washington University

*The Problem of Normalization of the Soviet-Japanese Relations in the Context of Northeast Asian Hostilities*

Haruki Wada, University of Tokyo

Discussant William Kirby, Harvard University

Coffee Break

Roundtable Discussion

3：15 pm–4：00 pm

当初こそ九・一一事件の影響が懸念されたものの、シンポジウムは滞りなく進んだ。上記の方々は、筆者を除けば討論者も含めて、それぞれの分野で第一人者である。報告内容は当然ながら、各氏がそれまでに手掛けてきた研究を下敷きとしており、詳説は不要だろう。私自身の報告は、拙著『東アジア国際環境の変動と日本外交　一九一八―一九三一』（有斐閣、二〇〇一年）の第二章を要約したものにすぎない。

大規模なシンポジウムではない分だけ、報告者には四十五分ずつという比較的に長い時間が与えられた。また、円卓会議方式のため、じっくりと自由に議論できるという利点があった。フロアからの質問も活発であったといえよう。

もちろん、このシンポジウム以外にも、サンフランシスコ講和五十周年を記念する会議は少なくない。ただ、おそらくは次の二点において、バークレーの会議は特徴的だったものと思われる。第一に、戦後の外交はもとより、幕末からの日本外交史を長期的な視点から検証したことである。そして第二には、日本外交史を象徴するような諸条約の分析に力点がおかれていた。

このような手法は、本来、外交史研究の原点ともいうべきものであろう。しかしながら、アメリカでは冷戦史を例外として、外交史自体がはやらなくなっている。それだけに、こうした分析視角は新鮮に思えた。とはいえ、二日間の会議で主要条約の全てを扱うことは不可能であり、下関条約や日英同盟、ポーツマス条約、および日韓基本条約などが抜け落ちてはいたのだが。

二〇〇一年がサンフランシスコ講和五十周年として迎えられたとしても、無論それは一つの解釈に過ぎない。しかし、そのことが当然視されているとすれば、真珠湾攻撃六十周年、満州事変七十周年、ワシントン会議八十周年のような視点が奇異に思えるほどに、戦後が長くなったためであろう。

若手研究者の関心が戦後に傾斜して久しいことを考えれば、近現代を総体として把握することは、今後ますます難しくなっていくのであろうか。その意味では、サンフランシスコ講和五十周年を契機に、日本外交の足跡を幕末から問い直すという試みは、むしろ我が国でなされるべきであったのかもしれない。

なお、バークレーのバンクロフト図書館には、第一次大戦期に国務省極東部長を務めたウィリアムズの個人文書などが所蔵されている（Edward Thomas Williams Papers, Bancroft Library, University of California at Berkeley)。その中には、ワシントン会議における施肇基などとの関係を伝えるウィリアムズの日記があり、興味は尽きない。

これらの概略に関しては、ホームページ（http://www.oac.cdlib.org/dynaweb/ead/ead/berkeley）が参考になる。そこでは、スタンフォード大学フーヴァー研究所などの史料目録も掲載されており、有益である。

## 第二回日欧歴史教育会議

歴史教科書問題が再燃して以来、改めて日本の歴史認識が問われている。『新しい歴史教科書』が採択され、小泉首相の靖国神社参拝が国際的な論争となったことは記憶に新しい。もちろん、こうした歴史問題は今回が初めてではない。一九八〇年代にも、中国や韓国との間で歴史教科書の記述が争点となっている。

このように、歴史認識が国際問題として顕在化するには、いくつかの段階がある。大別すれば、日本における歴史認識の形成、海外への伝達、諸外国からの反応、という三段階であろうか。海外への伝達という第二段階に即していえば、従来、日本からの情報発信には、さほど重きがおかれてこなかったように思える。そのことは、日本における宣伝外交の弱さとも無関係ではないのだろう。

とはいえ、日本の姿を正しく伝えようとする試みがなかったわけではない。財団法人国際教育情報センターの活動がその一例である。一九五〇年代後半に外務省の外郭団体として発足して以来、同センターは歴史教科書の翻訳や雑誌 *Understanding Japan* の刊行に従事してきた。諸外国から教育者を招聘し意見を交換するなど、人的交流にも努めている。

その国際教育情報センターと欧州評議会（Council of Europe）の共催で、第二回の日欧歴史教育会議が開催された。二〇〇二年七月十三日から十四日にかけてのことである。そこにはフランス、ドイツ、イタリア、ロシア、イギリスから各一名、計五名の歴史教育者が招待され、日本側の参加者と討論を重ねた。なお、第一回会議はポルトガル、スペイン、オランダから招聘して二〇〇一年に行われている。

第二回会議では六本木の国際文化会館が会場となり、日本語、英語、フランス語の同時通訳にて進行した。今回の課題は、幕末から第一次世界大戦までの日本であった。会議の日程、および報告者の所属と論題は左記の通りである。

July 13, Saturday

10 : 00–10 : 20 Welcome speech from KAYA Michiko, Chairperson

10 : 20–10 : 40 Address by Tatiana MINKINA-MILKO

10 : 40–10 : 50 Coffee Break

10 : 50–11 : 30 Presentation : KABAYAMA Koichi

11 : 30–11 : 40 Break

11 : 40–12 : 20 Presentation : Jacky DESQUESNES

12 : 20–13 : 40 Lunch

13 : 40–14 : 20 Presentation : Valdo FERRETTI

14 : 20–14 : 30 Break

14 : 30–15 : 10 Presentation : MITANI Hiroshi (nationalism)

15 : 10–15 : 30 Coffee Break

15 : 30–16 : 10 Presentation : Ludmila ALEXASHKINA

16 : 10–16 : 20 Break

16 : 20–17 : 00 Presentation : Sydney WOOD

July 14, Sunday

10 : 00–10 : 40 Presentation : SUZUKI Atsushi

10 : 40–10 : 50 Coffee Break

10 : 50–11 : 30 Presentation : MITANI Hiroshi (public sphere)

11 : 30–11 : 40 Break

11 : 40–12 : 20 Presentation: HATTORI Ryuji

12 : 20–13 : 40 Lunch

13 : 40–14 : 20 Presentation : Christine KOHSER-SPOHN

14 : 20–14 : 30 Break

14 : 30–15 : 10 Presentation : KONDO Kazuhiko

15 : 10–15 : 30 Coffee Break

15 : 30–17 : 00 General discussion

Council of Europe

Tatiana MINKINA-MILKO, Programme Officer, History education Section, Education directorate-DGIV, Conseil de l'Europe

France

Jacky DESQUESNES, Inspector of Academy, Pedagogical Regional Inspection, Academy of Caen

"L'histoire du Japon au XIXème siècle enseignée aux jeunes français depuis les années soixante"

Germany

Christiane KOHSER-SPOHN, Georg-Eckert-Institute for International Textbook Research

"Modernisation 19e."

Italy

Valdo FERRETTI, University of Rome "La Sapienza"

"Image and Memory: Relations between Japan and Italy from 1853 to 1918"

Russia

Ludmila ALEXASHKINA, Head of the Laboratory of History, Russian Academy of Education

"History of Japan in Contemporary Textbooks for Russian Schools: A View on Civilization"

United Kingdom

Sydney WOOD, Honorary Teaching Fellow, Department of History, Dundee University

"The Teaching of Japanese History and the School History Curriculum in Scotland"

日本側参加者

樺山紘一（国立西洋美術館館長）「『近代国民の知としての歴史』梗概」

三谷　博（東京大学）「ナショナリズムをどう捉えるか」

「日本における『公議システム』の形成」

鈴木　淳（東京大学）「産業と生活の開花」

近藤和彦（東京大学）「日本の世界史教科書は近代化をどのように説いてきたか」
服部龍二（拓殖大学）「日清・日露戦争期の東アジア国際政治——一八九四—一九一四」

通訳
日仏：臼井久代、菊地歌子、高村伸子
日英：田村安子、森百合子、平野加奈江

財団法人国際教育情報センター
賀陽美智子　財団法人国際教育情報センター理事長
宮本富美　常務理事・事務局長・理事
赤木康子　事業部次長
小松要司　渉外部次長
松本昭子　秘書役
田中尚美　事業部写真担当
中田知子　秘書

冒頭でも触れたように、率直な意見交換を通じて、日本の姿を正しく伝えようというのが会議の趣旨であった。外国からの参加者は七月十一日に来日したばかりであったが、各報告の内容はもとより、歴史研究の方法論や教科書のあり方にまで議論は及んだ。ただし、数名のオブザーバーを除いて会議は非公開とされたため、個別の報告内容について言及することは差し控えたい。

筆者の報告「日清・日露戦争期の東アジア国際政治――一八九四―一九一四」は、本来の研究分野ではない。寺本康俊『日露戦争以後の日本外交――パワー・ポリティクスの中の満韓問題』（信山社、一九九九年）などを参照して報告書を作成し、その場をしのいだものにすぎない。

私に与えられた課題は国際政治史であったが、無論それは時代の一面である。学界における政治史や外交史の比重は、世界的に低下しつつあるようである。会議でも、歴史教科書では社会史や経済史にもっと記述を割くべきであるとの意見が少なくなかった。そういえば、外務省外交史料館や国立国会図書館憲政資料室などでも、欧米からの閲覧者をあまり見かけなくなったような気がする。

また、オーラル・ヒストリーの現状などを含めて、日本の史料状況についても質問がなされた。この点に関しては、会議では議論を十分に深められなかった。それでも、近年で特筆すべきは、村山談話から七年を経た二〇〇一年十一月に、アジア歴史資料センターが開設されたことであろう。とはいえ、アーキヴィストの養成や個人文書の系統的収集といった課題も、依然として残されている。

その他に会議では、ヨーロッパと日本の相互認識といった争点に加えて、生活や女性などの視点を歴史教育にどのように採り入れるべきかということも議論された。こうした歴史をみる視座の変化や広がりが最も印象に残っている。自分の研究分野がいかに限られたものであるのかを再認識させられただけでも、参加した甲斐はあったというべきだろう。

一行はその後、明治村や江戸東京博物館を見学し、十八日に帰国の途についている。

# 第四章　書　　評

## 三宅正樹著『ユーラシア外交史研究』

日本がヨーロッパの国際政治に関与する場合には、伝統的に一定の傾向があるように思える。すなわち、日英、日露、日独といった二国間関係を通じて、個別問題に特化しようとすることである。換言すれば、ヨーロッパ情勢を総体として判断することは不得手であり、グローバルな問題には備えを欠くことも少なくない。

そのことを端的に示したのが、二度の世界大戦であろう。第一次大戦後のパリ講和会議において、日本はヨーロッパの主要な争点にほとんど発言できなかった。この時に日本は、二国間関係や個別問題という次元を越えて、ヨーロッパ情勢を総体として把握することの必要性を学んだはずであった。しかし、その二十年後、日本は再びヨーロッパ情勢、とりわけ独ソ関係に翻弄され破局への道に迷い込んでいく。

こうした経緯を振り返る際には、三宅正樹氏の論文集『ユーラシア外交史研究』（河出書房新社、二〇〇〇年）が示唆に富む。同氏は周知のように、長年にわたって日独外交史研究を牽引し続けてきた第一人者である。

単著に限ってみても、『世界史におけるドイツと日本』（南窓社、一九六七年）、『ヒトラー――ナチス・ドイツと第二次世界大戦』（清水書院、一九七四年）、『日独伊三国同盟の研究』（南窓社、一九七五年）、『ヒトラーと第二次世界大戦』（清水書院、一九八四年）、『日独政治外交史研究』（河出書房新社、一九九六年）、『政軍関係研究』（芦書房、二〇〇一年）、といった一連の業績がある。また、近年では共著『ベルリン・ウィーン・東京――二十世紀前半の中欧と東アジア』（論創社、一九九九年）を編集されている。

## 構成

さて、本書の構成は左記の通りである。

第一部　ユーラシア外交史の試み：露独関係の展開と東アジア

第一章　地政学者マッキンダーにおけるユーラシアとハートランド

第四部　ドイツの歴史学と日本
第一章　オットー・ベッカーの東アジア外交史
第二章　石井菊次郎とオットー・ベッカー
第五部　ロシア外務省外交文書集とポクロフスキー
第一章　ロシア外務省外交文書集の独訳版と邦訳版
第二章　オットー・ヘッチュによる独訳版の構成と内容
第三章　外務省調査部邦訳版とその批判
第四章　東亜研究所によるペルシャ関係外交文書の邦訳
第五章　ポクロフスキーをめぐって
第六章　一九三〇年代への展望

諸論文の初出には、一九六六年から二〇〇〇年と大きな幅がある。分析の対象も、日露戦争からダマンスキー島事件まで多岐に及ぶ。

## 内　容

本書の中枢を成す第一部は、序論であると同時に結論でもある。著者によれば、日独関係を考察する際には、ロシアが強く意識されるべきであるという。なぜなら、露独が同盟を締結すれば日本の行動に掣肘を加えることができるし、露独同盟に日本が加われればユーラシア大陸同盟として世界を制し得るからである。

重要なのは、そのことが政策決定者によって現実に意識されてきたことだろう。著者が小気味よく分析しているように、ユーラシア大陸同盟的な発想の系譜は確かに存在していた。山県有朋は日露同盟の成立に会心の笑みを浮かべたし、石井菊次郎外相はロンドン宣言への加入を大隈重信首相に説き伏せている。後藤新平は新旧大陸対峙論を伊藤博文や桂太郎に訴えた。アドルフ・ヨッフェを日本に迎えた後藤は、真冬のモスクワでスターリンと中国情勢について熱く語り合ってもいる。

これとは逆の発想を示したのが、大島浩駐独陸軍武官である。大島はビヨルケの密約を歴史の教訓として、ソ連を仮想敵とする日独防共協定の締結に奔走した。また、リッベントロップは日ソ独伊四国同盟を思い描いたが、ヒトラーによって打ち砕かれた。そのことに最も翻弄されたのは松岡洋右であった。さらには、ダマンスキー島事件を例として、ロシア東部で軍事紛争が生じた際には露独関係が緩和されがちであることを「ユーラシア大陸の力学」と呼んでいる。

もっとも、露独関係が世界の趨勢を左右するという見解は、著者に独自のものではない。本書冒頭に明記されているように、地政学者マッキンダーのハートランド論に起源がある。それでも著者の試みが斬新なのは、露独関係の視点を従来のように対英仏関係に限定するのではなく、むしろ東アジア国際政治史の文脈において体系化しようと試みているからである。

松岡には四国協商構想など存在しなかったとの新見解に対しては、「筆者としては、ミヒャルカの分析に即して、リッベントロップには日ソ独伊四国協定の構想があったと考えたい。松岡はこの構想に賛同していたと考えられる」(五十五頁)と応えており、議論を呼ぶことだろう。

第二部には、第一次世界大戦下の日露関係に関する論文が集められている。一九〇八年から一九一六年まで駐日ロシア大使の任にあったマレフスキーは、日露同盟を熱望する世論の一端として、雑誌『太陽』に掲載された犬養毅等の論説をサゾノフ外相に伝えていた。日露同盟論を唱道する山県有朋と対立したのが、日英同盟骨髄論者たる加藤高明外相であった。さらに山県は、対露武器供与を渋る岡市之助陸相を懸命に説得している。

なお、日本の三国協商加盟問題が日英露各国間で懸案となっていた最中、「ペテルスブルク駐在イギリス大使ブキャナンは、本国外相グレーに、一九一五年五月三十一日、電報第六九六号を送ったが、これはロシア外務省において解読された」(九十九頁)との指摘は興味深い。

第三部には、著者の最も得意とする第二次大戦期外交に関する論文が収められている。一九三九年四月以来、独ソ接近の兆候は大島駐独大使から有田八郎外相に報じられていた。しかし、日本陸軍は、ソ連を正面の敵とする防共協定強化問題に固執した。ノモンハン事件をめぐって関東軍内では、辻政信参謀の積極論が寺田雅雄作戦課長の慎重論を封じ込めた。日本はドイツ外交を反共一枚岩とみなし、リッベントロップの親ソ的動向を看過していたのである。

著者によれば、日ソ独伊四国協定案というリッベントロップ構想には「日米戦争のみならず、独ソ戦争までも回避するのに成功したかもしれない可能性」（一二九頁）が秘められていたという。実際、リッベントロップは一九四〇年十一月、訪独中のモロトフ外務人民委員に同案を提示している。また、シュターマー特使を通じて同案に接した松岡外相もこれを歓迎している。だが、肝心のヒットラーからは賛同が得られなかった。

加えて、第三次近衛内閣崩壊時の後継首班選定時にも、日米戦争回避の可能性を見出せると著者は述べる。すなわち、及川古志郎海相に大命が降下した場合には、優柔不断な及川が開戦の決定を先送りしている間にドイツの戦況が悪化し、結果的に日米戦争が回避されたのではないかと推測するのである。

第四部と第五部はこれまでの内容と異なり、史学史的考察になっている。

第四部では、ドイツにおける数少ない東アジア外交史研究の成果として、オットー・ベッカーが一九四〇年に発表した『極東とヨーロッパの運命――一九〇七年から一九一八年まで』が紹介されている。

同書には一九四〇年刊行という時代的な制約こそあるものの、「ヨーロッパと極東とを結合するという、これまでのドイツ史学において見られることのまれな、壮大な視野のもとにその所説を展開して」おり、「いわば、『世界史的視野』の下に照明をあてたことは、極東外交史の研究に、あたらしい見方を開拓したものということができる」（一八六頁）という。ただし、ベッカーは石井菊次郎『外交余録』の英訳版を鵜呑みにしたところがあり、この点も丹念に検証されている。

第五部はロシア外交文書集の独訳と邦訳に論及している。一九〇四年から一九一七年までのロシア外交文書集を編纂したのは、ソヴィエトの歴史家M・N・ポクロフスキーを中心とする委員会であった。この文書集の独訳は、ベルリン大学教授オットー・ヘッチュなどによって、一九三一年から開始された。日本外務省調査部も、一九三五年から抄訳している。著者は独文と邦文を丹念に比較検討し、邦文における注の不備にまで目配りを利かせている。

さらに一九四一年には、ロシア外交文書集のうちペルシア関係の部分が東亜研究所によって刊行されている。このこと自体、当該期の日本におけるソ連研究の一端を示すものである。なお、外交文書集の編纂を主導したポクロフスキーは、死後にトロツキストとして攻撃されたという。

## 結びにかえて

このように五部構成の内容は、第一部から第三部までの通史と、第四部から第五部の史学史的論文に分けられる。本書は議論の前提となる枠組の構築や史学史的整理を行ったものであり、実証研究そのものを意図したわけではない。

本書の真骨頂は、露独関係の意義をヨーロッパではなく東アジア国際政治史の文脈で骨太に議論するところにある。視野の広さと斬新な枠組からは、年来の情熱が伝わってくる。また、第四部と第五部は、日独双方の学界動向を長期間見守り続けた著者ならではの記述であり、教えられることばかりであった。

とはいえ、残された課題もある。第一に、ユーラシア外交史という独自の視角から二十世紀を通観すべく、全体としての整合性をさらに高めて欲しかった。実際のところ、第二部と第三部には第一部との重複が少なくない。本書の題材は多岐に及んでおり、重要な論点がちりばめられている。それだけに、長期に及ぶ研究の集大成として、均衡のとれた通史に仕上げられなかったであろうか。この点が最も惜しまれる。

第二に、巨視的にみればユーラシア大陸同盟論的な発想は、傍流であり失敗の連続でもあった。ごく一例を挙げれば、後藤新平の新旧大陸対峙論は、外務省の対米英協調はもとより、陸軍の対ソ北満進出策とも相容れないものである。二重の意味で、異端的な思想といってよい。また、我が国には現代に至るまで、露独ではなくアングロ・サクソンとの同盟によってのみ、外交は安定するという根強い通念がある。これらの点をいかに評すべきなのだろうか。

第三に、ユーラシア大陸東西の相互作用を分析する際に、露独関係の東アジア国際政治に与えた影響が重視されている。このような視点からは、ヨーロッパ情勢に翻弄される日本の政治家や軍人が印象深く描かれている。その反面で逆の方向性、つまり、東アジアの動向が露独関係に及ぼした影響の考察には、いささか物足りなさを感じた。特に、六十一頁で示唆こそなされているものの、ノモンハン事件が独ソ不可侵条約の締結に及ぼした影響の内実などは、極めて重要な論点である。それだけに、十分な記述を割いてもよかったのではなかろうか。

第四に、あとがきで若干言及されているが、ソ連崩壊後に公開され始めたソ連外交文書の位置づけについても、議論を深める必要がある。

とりわけ、故ボリス・スラヴィンスキー氏が一九三〇年代から一九四〇年代にかけての日ソ外交史研究を精力的に進めたことは記憶に新しい。邦訳だけでも、菅野敏子訳『無知の代償――ソ連の対日政策』(人間の科学社、一九九一年)、加藤幸広訳『千島占領――一九四五年夏』(共同通信社、一九九三年)、高橋実訳『考証日ソ中立条約――公開されたロシア外務省機密文書』(岩波書店、一九九六年)、加藤幸広訳『日ソ戦争への道――ノモンハンから千島占領まで』(共同通信社、一九九九年)、『中国革命とソ連――抗日戦までの舞台裏 一九一七―三七年』(共同通信社、二〇〇二年、ドミートリー・スラヴィンスキー氏と共著)が刊行されている。しかしながら本書では、こうした新動向に十分には配慮されていない。

もっとも、これら全てを一人の研究者に求めるのは、過酷というものだろう。そして何よりも、新史料を踏まえ、通史としての整合性を高めることを最も望んでいるのは、他ならぬ著者自身に違いない。おそらく著者は、これらの点を自覚しつつも刊行に踏み切ったのであろう。
本書には、半世紀に及ぼうとする研究歴を誇る大家からの、残された課題を若い世代に託そうというメッセージが込められているように思えてならない。

（河出書房新社　二〇〇〇・三刊　A5　二九五頁　三九〇〇円）

## 黒沢文貴、斎藤聖二、櫻井良樹編『国際環境のなかの近代日本』

黒沢文貴、斎藤聖二、櫻井良樹編『国際環境のなかの近代日本』（芙蓉書房出版、二〇〇一年）は、故藤村道生氏の門下生による追悼論文集である。

「まえがき」によれば、「本書に収められた諸論文は、いずれも世界の動向と、そのなかでの日本の動きを結びつけてとらえていこうとする観点を共有している」という。その内容は極めて多岐にわたっており、紙幅も限られている関係上、本稿は簡単な紹介文にとどまらざるを得ないことをお断りしておきたい。

第一部「近代日本の形成」は、藤村道生「大村益次郎と司馬史観――事実に反する虚構のおもしろさ」、大島明子「廃藩置県後の兵制問題と鎮台兵――外征論との関わりにおいて」、高世信晃「陸奥宗光と日本の選挙制度確立――イギリスおよびオーストリアにおける留学研究から」より成る。

藤村論文は、司馬遼太郎の小説が歴史として読まれることの問題性を提起し、『花神』の大村益次郎像などを検証している。大島論文は廃藩置県後の鎮台兵を分析し、その解体過程と徴兵制の関連性を示した。高世論文は、伊藤博文が採用した小選挙区制はプロシアよりもイギリスに近いとして、その源流を陸奥宗光によるイギリスとオーストリアでの選挙制度調査に求める。

第二部「東アジアと日本」には、斎藤聖二「日清戦争と直隷決戦――戦争最終期における軍政関係」、上野隆生「竹越與三郎のアジア認識」、櫻井良樹「辛亥革命時における日本陸軍の北清・満州出兵計画――北京議定書の拘束」、小林道彦「政党政治と満州経営――昭和製鋼所問題の政治過程」が収められている。

斎藤論文は、直隷における清国との決戦が日清戦争末期に準備されていながらも、最終的には中止される経緯を緻密に描いた。上野論文は、『南国記』で知られる竹越與三郎の思考方法や対外観を分析し、その文明論が欧米とアジアを区分するダブル・スタンダードであったと指摘する。櫻井論文は、辛亥革命に際して日本陸軍の出兵計画が頓挫していく過程を跡づけ、伊集院彦吉駐清公使や薩派の動向、および一九〇一年の北京最終議定書による拘束を合わせて論じた。

小林論文は、原内閣期の「日米合資満州製鋼所」構想に触れた上で、田中内閣期に山本条太郎満鉄社長が自給自足の観点から朝鮮の新義州に昭和製鋼所を設置しようとしたものの、中国への鉄輸出を重視する浜口内閣が設置場所を鞍山に変更せんとしたことを明らかにした。

第三部「世界と日本」は、黒沢文貴「臨時軍事調査委員と田中軍政――総力戦と『大正デモクラシー』への対応に関する補遺」、飯田眞理子「戦争の違法化の形成過程に対する日本の対応――満州事変における自衛権概念を中心に」、山本尚志「在日ユダヤ系音楽家問題の研究と展望」、剣持久木「ファシズム論の射程――一九三〇年代の日本とフランス」、鍋谷郁太郎「ドイツ社会民主党地方史研究の成果と課題――第二帝政期バイエルン地方を中心に」、藤村道生「試論太平洋戦争」で構成されている。

黒沢論文は、一九一五年から一九二二年に至る臨時軍事調査委員の活動を跡づけた上で、田中義一陸相の軍政改革として陸軍省新聞班の創設と業務を分析した。飯田論文は、不戦条約や満州事変を題材として、戦争違法化の世界的潮流に抗すべく、日本が拡大解釈に努めた自衛権概念の内実を描いた。山本論文は、一九三〇年代から一九四〇年代前半に至る在日ユダヤ系音楽家の活動を、日本社会との接点にまで踏み込んで実証的に研究することが必要だと説く。

剣持論文は、仏日両国におけるゼーヴ・ステルネルや伊藤隆の議論を比較した上で、両国を統一的な視点で把握するための座標軸を示した。鍋谷論文は、第二帝政期のドイツ社会民主党を地方史から再検討する試みの一環として、バイエルン社会民主党の研究史を整理し、問題点と課題を指摘した。藤村論文は、一九九四年の最終講義を下敷きとするものであり、尾崎・ゾルゲ機関の役割や太平洋戦争の性格を問い直している。

以上、本書の内容を駆け足でたどってきた。最後に、一点だけ感想めいたことを述べて終わりとしたい。

「あとがき」によれば、「本書に寄稿された諸論文は、各人の現在の問題関心によって書かれたものである。あらかじめ統一したテーマを設定しなかったにもかかわらず、こうして論文が集まってみると、そこに自ずから先生の学風を受けた影響を窺うことができる。それを一言で表せば、本書タイトル『国際環境のなかの近代日本』ということに尽きる。いかに日本近代の歴史が、東アジアや世界の国際状況と関係していたのかという、内政と外交の相互関係を見ていく視点である」という。実際、内政と外交の相互関係という視角は、各論文に共有されている。のみならず、このような手法は門下生だけでなく、学界に広く浸透してきたといえよう。

その反面、関係各国からの内在的視点を交えつつ、日本と諸外国の相互作用を国際政治の総体として分析するような試みは、本書に限らず、あまりなされてこなかった感がある。望蜀となってしまうが、追悼論文集という性格に鑑みても、歴史研究の方法論に関して踏み込んだ議論がなされてもよかったのだろう。

いずれにせよ、専攻や大学の壁を越えて多くの学生が集い、着実な研究が積み重ねられたことを羨ましく思った。

（芙蓉書房出版　二〇〇一・十刊　Ａ５　四〇八頁　七八〇〇円）

# 樋口秀実著『日本海軍から見た日中関係史研究』

近代日本の対外政策は実に多元的であった。対満蒙政策はその典型例であり、三頭政治ないし四頭政治などと呼ばれる。対中政策を包括的に論じようとすれば、厳密には外務省や陸軍はもとより、満鉄や関東庁、さらには海軍や大陸浪人なども視野に収めなければならない。これらに加えて、時代によっては、元老や政党を研究の対象に含めるのは当然である。

にもかかわらず、近代日本の大陸政策を分析する上で、暗黙の了解事項とされてきたことがある。すなわち、大陸政策の主たる行為者は、外務省と陸軍だというものである。そのため多くの研究では、外務省か陸軍のどちらかに焦点を合わせている。また近年では、植民地行政との関連性などを取り入れようとする研究が現れているものの、外務省と陸軍への偏重傾向には大きな変化がないように思われる。

その偏重傾向ゆえに、海軍の対中政策という視点は、第一次上海事変などの個別事例を除けば比較的に軽視されてきた。また海軍の対中政策は、陸軍や外務省との関係で付随的に論及されることが多く、それ自体の系統的な研究は遅れている。しかし、著者の樋口秀実氏が指摘するところによれば、外務省や陸軍を軸として日中戦争までは見通せたとしても、それのみでは海軍が中心となる太平洋戦争への展開を説明しきれないという。

## 本書の構成

この点を衝いた樋口氏の『日本海軍から見た日中関係史研究』は、日本海軍の対中政策を通じて、日中関係史の再構築を目指した労作となっている。まずは本書の構成をみておきたい。

序　章
第一章　日露戦後の日本海軍の対中政策
補論一　対中国海軍部借款問題
第二章　一九二〇年代東アジア国際政治史像の再検討
　　　　――中国大陸の政治的安定化に対する日本の〈貢献〉をめぐって
第三章　日中航空協定締結問題
第四章　満州事変と日本海軍
第五章　華北分離工作期の日中関係と日本海軍
第六章　中山事件と日本海軍
補論二　日中防共協定締結問題

一見したところ、第一章から第九章は時系列的に筆を進めたかにみえる。しかし、必ずしもそうではなく、第三章には日中戦争期も含まれている。

というのも、序章で述べられているように、海軍自体の対中政策を解明した第一章から第三章、対中政策における海軍の役割を検討した第四章から第六章、日中戦争から日米戦争への拡大過程を海軍の視点から跡づけ戦後を展望した第七章から結章、の三つに分けられているためである。

その意味で本書は、事実上の三部構成というべきであろう。したがって以下では、序章、第一章から第三章まで、第四章から第六章まで、第七章から結章まで、に区分して内容を概観する。さらには、本書の特徴や今後の課題についても論じてみたい。

## 序　章

序章によれば、従来の近代日中関係史研究には二つの問題点があった。第一に、日本陸軍と外務省に焦点を絞るあまり、日本海軍の役割を等閑に付してきたことである。そのこともあって、第二に、日中戦争がなぜ太平洋戦争に発展したのかは、十分に解明されていないという。

第二の点に関して著者は、「日中関係史研究と日米関係史研究とが別個に進められる傾向が強かった結果、この両戦役の関連性が必ずしも十分に明らかにされていない」として、「陸軍の対中政策に注目するのみでは、日本が日中戦争に至るまでの軌跡を説明できたとしても、そこから海軍を中心に戦われた日米戦争に至るまでの軌跡を解明することが難しいのである」と指摘する。

一方、海軍自体の研究では、南進策や対米英政策が注目されてきた。しかし、今後の戦争は中国問題に起因するであろうと日露戦後に海軍が考えていたことや、広田三原則などが陸海外三相間の諒解事項であったことに鑑み、海軍の対中政策という視点から日中関係史を再構築すべきことを本書は説いている。

そこから設定される課題は三つあり、本書の構成も三つの課題に即したものとなっている。

第一の課題とは、海軍自体の対中政策を解明することであり、第一章から第三章がこれに割り当てられる。海軍の対中政策を論じる上では、対中政策と対米政策の関連性、海軍部内における対中政策の比重、および華中華南の重視という三点が重要だという。

第二の課題とは、日本の対中政策全般において海軍が果たした役割である。この課題を扱う第四章から第六章では、対中政策における陸軍への制動という側面のみならず、陸軍との協調による政治介入や中国進出にも目を向けることとする。また、従来対立を強調されがちな陸軍と外務省がいずれも「大陸政策論者」であるのに対し、海軍は国家の発展を南進に求める「海洋政策論者」であり、「海軍は、陸軍に対する抑制力という点で外務省と共通するが、国務に対する統帥部としては、陸軍とともに外務省と対立した」と海軍の独自性を位置づけている。

第三の課題は、日中戦争から日米戦争への拡大過程を海軍の視点から跡づけることである。これについては、第七章と第八章が当てられている。第九章は海軍の終戦工作を論じており、さらに結章では、戦後における海軍の再建を展望する。

## 第一章から第三章まで

第一章「日露戦後の日本海軍の対中政策」および補論一「対中国海軍部借款問題」は、日露戦後における日本海軍の対中政策を分析している。海軍はアメリカを想定敵国としていたため、対中政策でも米国を視野に入れていた。とりわけ、タフト政権下で米清同盟計画が再燃すると、日本海軍は明確にアメリカを想定敵国とみなすようになった。海洋国家構想や戦略的見地から華中華南を重視する海軍は、辛亥革命に際して、第二次西園寺内閣の対清政策を主導した。

第二次大隈内閣に対して海軍は、秋山真之以来の〈日中海軍提携構想〉を働きかける。八代六郎海相も日本海から南シナ海に至る海域の〈湖水化構想〉を抱き、秋山を海軍省軍務局長に転補した。

二十一箇条要求では、秋山は福田雅太郎参謀本部第二部長との合同案を小池張造外務省政務局長に提出し、八代も三都澳租借などを加藤高明外相に求めた。孫文との「中日盟約」に秋山が関与したのも、対米軍事協力の実現を目指したためであったとされる。寺内内閣期に海軍は、日本の支援で北洋海軍を再建し、日中共同で米国海軍に対処しようとした。

パリ講和会議に端を発する海軍軍縮問題に対し、日本海軍は〈日中海軍提携構想〉の観点から概して消極的であった。しかし、補論一「対中国海軍部借款問題」が詳説するように、八角三郎駐華公使館付海軍武官による川崎造船所を通じた対中国海軍部借款が失敗すると、ワシントン会議に向けて軍縮を受け容れようとする潮流も生まれたという。

第二章「一九二〇年代東アジア国際政治史像の再検討――中国大陸の政治的安定化に対する日本の〈貢献〉をめぐって」は、ワシントン会議とその後を対象とする。それによれば、当該期の日本外交には中国統一を斡旋しようとする側面があり、大陸の政治的安定化、ひいては東アジア国際秩序の形成に日本が果たした役割に注目すべきだという。

本章の特徴は、直隷派全盛期、北京政府崩壊期、国民政府成立期、国民政府動揺期の四期を通じて、海軍の対中政策と海軍軍縮問題の関連性を抽出しようとすることにある。直隷派全盛期のワシントン会議に際して、日本海軍が問題視したのは、中国対外無線電信事業への外国参入問題であったという。ここでアメリカは、米国フェデラル社を支援し、日英米仏四カ国による共同経営案に反対した。そのことは、日本海軍に日米対立の継続を予感させるものとなった。

北京政府崩壊期では、幣原喜重郎外相の期待した北京関税特別会議が頓挫すると、海軍は英米との協調を強化すべきだと考えるようになる。

国民政府成立期に登場した田中外交は、「幣原外交に比べ、中国大陸の政治的安定化への指向性が強い」という。その根拠として特記されるのが「蔣・張密約」成立に向けた田中の斡旋であり、三度の山東出兵も田中による蔣介石援助の文脈で描かれている。海軍も田中の推進する満蒙分離策にほぼ同意していた。

国民政府動揺期では、蔣介石に対する援助、ひいては中国安定化に幣原外相が消極的となったために、国民政府の対日政策は硬化したとされる。かくして、中国情勢に対処すべく海軍増強を唱える軍縮反対論が台頭し、そのことはロンドン海軍軍縮会議にも波及した。

第三章「日中航空協定締結問題」は一九三〇年代を中心として、日満間と福岡─上海間の民間航空路開設問題に対する海軍の動向を論じる。民間航空事業を主管していたのは逓信省であるが、財部彪海相などは、ロンドン海軍軍縮条約で生じた兵力的欠陥を対満航空権の獲得で補塡しようとした。日満間の航空路は、満州事変後に開通している。

一方、日本海軍は戦略的観点から福岡─上海線の開設を切望したが、中国本土では米独仏英各国が航空事業への進出を競い合っていた。日中航空協定交渉は満州事変によって停滞し、福岡─上海間の陸軍軍用定期航空が開始するのは、日中戦争勃発後の一九三七年十月となる。海軍力の不足を航空権で補おうとしたという海軍の論理は興味深い。ただ、史料的制約のためか、引用文献の中心は外務省記録となっているようだ。

**第四章から第六章まで**

第四章「満州事変と日本海軍」は、満州事変に対する海軍の反応を扱う。ロンドン海軍軍縮会議への対応にもみられるように、海軍の対中政策はその対米観と連動していた。日米戦争宿命論に立脚する「艦隊派」は満州事変で陸軍に同調し、対米関係への懸念から不拡大方針を支持する「条約派」を圧倒していったのである。「艦隊派」の主導により、山海関地方に海軍艦艇が派遣されたため、陸軍に対する抑止力は低下していった。

さらに海軍は、上海事変に際して一層積極的な行動をとっている。ただし、公使館付武官補佐官藤原喜代間は、塘沽停戦協定の締結に向けて活躍し、陸軍を抑制することに成功した。「艦隊派」と「条約派」を対中政策に関連づけた本章の論旨は明快である。

第五章「華北分離工作期の日中関係と日本海軍」は、一九三三年から一九三七年を分析する。塘沽協定後に「艦隊派」は、満州国育成などの対中政策には、軍縮条約の存在が不利益だと考えていた。「対支時局処理方針」において西南地方を戦略的に重視した海軍は、西南地方政権の親日化などを骨子とする〈西南工作〉を進めた。こうした海軍の〈西南工作〉は、華北分離工作に至るまでは陸軍の工作と相互補完的関係であり、アメリカの対中借款を危惧する外務省とも協調可能であったと位置づけられている。海軍の分治合作策は、陸軍の華北進出を助長し、南京政府の対日姿勢を硬化させる一因になったというのである。

しかし、一九三五年十二月に第二次ロンドン海軍会議が決裂すると、日本海軍の対米観はむしろ柔軟性を回復し、対中観も穏健化した。また、西南政権が華北分離工作に反対して南京政府と接近したために、海軍の〈西南工作〉は難航し始め、分治合作策を反省するようになった。ここに至って海軍は、陸軍の北進論への制動として、南進論を唱えるようになる。二・二六事件後に「条約派」が復権したことは、その傾向に拍車をかけた。この動きが広田弘毅内閣による「国策の基準」などに結び付くが、南進による国策統合には至らず、両論併記となるのである。

また、川越・張群会談の期間中に海軍が武力行使を企図したことに関しても、抗日運動の禁絶を南京政府に受諾させ、陸軍を抑制しようとした側面が強調されている。しかし、期待を寄せていた川越・張群会談が綏遠事件によって決裂すると、海軍は陸軍を非難しつつも、日中開戦に備え始めた。海軍に比べれば、外務省は華北工作の抑制という意味では、陸軍に妥協的であったとされる。外務省からの協力を得られなかった海軍は、陸軍を十分には統制できないままに、日中開戦を迎えるのである。

第六章「中山事件と日本海軍」は、中山事件の善後処理問題を取り上げることで、日中開戦前史における海軍の役割を解明しようとする。この中山事件とは、一九三五年十一月に上海租界で上海特別陸戦隊員中山秀雄が射殺された事件のことである。陸戦隊の要求する犯人捜索が難航すると、第三艦隊は、上海共同租界外特定区域への陸戦隊武装兵立ち入り要求などを具申した。しかし、海軍中央や外務省の賛同は得られなかった。

それでも第三艦隊などの海軍出先は、「特別区」と呼ばれる設定予定の越界道路区を拡張し、そこでの日本側警察権の強化を要求しようとした。しかし、石射猪太郎駐上海総領事は、これに難色を示した。その後も抗日テロ事件が頻発すると、態度を硬化させた海軍中央は「時局処理方針」において「対支膺懲」を決意し、河北省や山東省、青島、海南島の保証占領を視野に入れた。海軍が強い圧力を行使したために、日本側の要求は過大となり、川越・張群会談は決裂する。

補論二「日中防共協定締結問題」は、川越・張群会談で日本側から提起された日中防共協定案を俎上に載せる。張群外交部長は当初、この防共協定案に積極的な姿勢をみせた。ソ蒙協定の締結や有田八郎の外相就任によって、国民政府は対日宥和に傾きかけていたのである。しかし、日本が冀東政府解消などの中国側要求を拒否すると、国民政府は対ソ接近を再開した。日中開戦後に中ソ不可侵条約が締結されると、日中防共協定案は葬り去られていく。日中関係安定化の機会喪失を論じる第六章と補論二は、第五章を補う内容となっている。

## 第七章から結章まで

第七章「日中戦争下の日本の華僑工作」は、海軍による華僑工作の成否を論じる。著者が重視するのは、日本海軍を中心とする華僑懐柔策である。福州在勤海軍武官の須賀彦次郎などは、日中戦争以前から華僑に働きかけていた。日中開戦後には、和平工作の一環として華僑工作が重要視されるようになる。

一九三八年五月の厦門攻略作戦もこうした文脈に位置づけられており、華僑を国民政府の影響下から切り離して対日協力を得るためにも、厦門に親日政権を樹立したという。こうした海軍の厦門工作と並行して、陸軍の山本機関は菊工作を行った。山本機関の活動は、福建新政権樹立工作とこれに呼応すべき華僑への工作に大別される。

一九三八年に汪兆銘工作が開始されると、海軍もこれを積極的に支持した。その一環として、華僑工作がさらに重視されるようになる。厦門と並ぶ華僑出身地である汕頭は、海軍の発案によって攻略された。汕頭が一九三九年六月に占領されると、華僑工作として自治政権樹立や汕頭への華僑資金誘致が画策された。

他方で日本海軍は日中開戦以前より、タイの海軍拡張計画に乗じて、タイ海軍との関係を強化していた。海軍の華僑懐柔策としては、日泰海運会社の設立や親日的華僑団体の結成がある。華僑同化政策を推進していたタイ政府も、国民政府の華僑統制を弱めるという観点から、日本の工作を利用したという。こうした華僑工作は、和平工作の補完としては成功したものの、中国から東南アジアにかけての地域経済圏建設に華僑を取り込むまでには至らなかったと結論される。

第八章「汪兆銘工作をめぐる日本海軍と日米関係」は、汪兆銘工作に焦点を絞り、海軍の日中戦争処理方針を探る。独ソ不可侵条約の締結直後に成立した阿部信行内閣は、日中戦争の処理と日米関係の改善を目標に掲げた。その下で米ソ、とりわけアメリカとの関係を汪政権樹立前までに調整するという海軍の方針は、陸海外三相署名の「対外施策方針要綱」に結実した。これに基づいて野村吉三郎外相は、グルー駐日米国大使との国交調整交渉を進めた。

対米戦略を有利に展開しようとする海軍は、汪兆銘に中国海軍を再建させてこれと提携するという〈日中海軍提携構想〉を練っていた。とりわけ海軍が重視したのは、海南島での施設建設と兵力駐留であった。しかし、汪政権側はこれに反発した。汪政権は自らの存在意義を、日本と重慶の橋渡しに見出していたためである。結局のところ、海南島を広東省から独立した省とすることで、妥協が成立した。

海軍が汪政権に要求した海南島条項は、高宗武と陶希聖の汪工作離脱によって暴露された。蔣介石がこれを国際世論の喚起に利用したこともあり、アメリカは汪政権による海軍再建への警戒を強めた。さらに日華基本条約が締結されると、アメリカは対抗措置として、重慶政府に一億ドルの借款供与を決定する。こうして、日米間の溝は深まっていった。

第九章「終戦史上の『戦後』――高木惣吉の終戦工作と戦後構想」は、高木海軍少将を軸として、海軍の和平構想を分析する。一九四三年九月、軍令部出仕に転じた高木は当初、戦争継続のために、陸海軍の航空兵力一元化という「空軍一元化」を唱えていた。

それでも、小磯国昭内閣成立後の一九四四年八月、井上成美海軍次官が終戦に向けた研究を高木に命じると、高木は「中間報告案」を作成した。「小磯内閣期の高木構想は、日ソ交渉を通じてソ連勢力を満州に引きいれつつ、中国本土に日本勢力を残存させることで、中国大陸に日ソの勢力範囲を設定しておく。そして、この状況を利用して戦後の米国の対日協力促進と対中進出阻止（米中離間）をはかる、というものであった」という。

しかし、沖縄戦によって大陸との連絡が絶たれると、高木は和平構想の修正を迫られた。中国問題で米ソ対立を惹起せしめるために、あえて中国共産党の勢力を華中から華南に引き入れるというのが高木の構想となった。鈴木貫太郎内閣の成立後に、海軍は対ソ外交を促進すべく、中国からの撤兵と対中和平工作の中止を主張した。

このように「即時和平・暫定的対ソ利用・日米提携を骨子とする〈海軍―宮中・重臣グループ〉の和平構想とは対立的に」、〈陸軍―大東亜省―革新官僚グループ〉は「本土決戦・全面的対ソ依存・日中ソ連合を基調とする構想をもっていた」という。六月二十二日の御前会議後に、米内光政海相は対ソ交渉の具体案を研究するよう高木に命じている。

結章は、序章で示した三つの課題に即して本論を要約した上で、戦後における海軍の再建を展望する。保科善四郎元海軍中将などの旧海軍グループは、吉田茂内閣が再軍備、とりわけ海軍の再建に否定的であることに鑑み、野村吉三郎元海軍大将を通じて芦田均元首相に接近した。芦田や旧海軍グループの海軍再建論は、中ソ不可分という対外認識に立脚しており、鳩山内閣による日ソ国交正常化交渉にも批判的であった。彼らは中ソ両国への対抗措置として、日米関係に加えて日台関係を強化すべきだと主張した。台湾側も芦田らに関係強化を働きかけていた。旧海軍グループはまた、東南アジア開発に関する意見書を岸信介内閣に提出し、経済進出を促そうとしていたのである。

補足的に述べられている箇所ではあるが示唆的であり、今後さらに深められていくべき視点であろう。

## 結びにかえて

冒頭でも述べたように、従来の対中政策研究には外務省と陸軍への偏重傾向があった。外務省と陸軍の史料だけでも膨大なものがあり、しかもその内部が一枚岩からほど遠いだけに、海軍にまで手がまわらなかったというのが実状であろう。その意味で、海軍の視点から対中政策を補い、そこから複雑な陸海外三省の相互関係を読み解こうとしたことが、本書最大の貢献である。満州事変から日中戦争を扱った章、とりわけ第五章や第八章が白眉であろうか。
その他には、海軍による華僑懐柔策という第七章の視点も独創的であった。今後は、東南アジア華僑による抗日救国運動(1)との関係も踏まえて検証すべき課題である。海軍借款問題や日中航空協定締結問題など、従来あまり知られてこなかった事例の研究が盛り込まれていることも、高く評価されるべきであろう。のみならず、中国情勢と海軍問題の関連性、ひいては日中関係と日米関係の相互規定性という分析視角にも、学ぶべきものが多い。海軍を代表する中国通とされる八角三郎文書の活用なども、実に興味深い。

このように、個別論点や史料面での貢献は少なくないのだが、日本外交史の全体像における位置づけという意味では、判断に迷うところがあった。まず、満州事変までの時期に海軍が対中政策全体において果たした役割を、著者はどの程度にまで重要だと結論づけているのであろうか。

第一章の日露戦後外交についていえば、先行研究として、北岡伸一『日本陸軍と大陸政策――一九〇六―一九一八年』（東京大学出版会、一九七八年）、小林道彦『日本の大陸政策　一八九五～一九一四――桂太郎と後藤新平』（南窓社、一九九六年）、寺本康俊『日露戦争以後の日本外交――パワー・ポリティクスの中の満韓問題』（信山社、一九九九年）などが直ちに思い浮かぶ。陸軍や外務省を中心としたこれらの研究に著者がどのような立場を採るのかは、明示されていないようである。

だとすれば、陸軍や外務省を軸とした従来の枠組に大きく変更を迫るというよりも、海軍の視点から、解釈を補完したものと理解してよいのだろうか。先行研究には外務省や陸軍への偏重傾向があるといっても、偏重するにはそれ相応の妥当性がある。二十一箇条要求における海軍の役割などには関心を引かれるだけに、もう少し踏み込んだ主張がなされてもよかったのであろう。

また、評者の専門領域に最も近いためでもあろうが、第二章は斬新なだけに、やや結論を急いだような印象を受けた。

特に、「安定化への『貢献度』から考えるかぎり、田中外交には二〇年代の日本外交のなかで最も高い評価を与えてもいいだろう」という田中外交への高い評価に関しては、賛否両論であろう。確かに、蔣介石援助および満蒙分離という田中の意図には、中国安定化に向けての可能性が秘められていた。だとしても、張作霖爆殺が端的に示すように、中国側要人に対する操縦という伝統的手法は、田中外交期にむしろ通じにくくなっていたように思える。

「この時期の陸海軍も田中の政策には大きな異論がなかった」という箇所にも疑問が残る。詳細を語る余裕はないが、海軍はともかくとしても、当該期に陸軍はもとより外務省でも対中構想はむしろ拡散していたのではなかろうか。

その他、「日本が援蔣を意図して実施した第一次山東出兵が日英協調を促進させたことに象徴されるように、ワシントン体制は、従来の旧秩序から大陸に有力な統一政権が誕生するよう日英米三国が協力するかたちの新秩序へと移行しはじめた」という指摘にも、いささか論理の飛躍があるように思われた。著者の重視する日英関係では、中国側政治指導者との関係もさることながら、経済外交をめぐる利害の乖離も勘案すべきであろう[2]。

第三章以降については、教えられることが多かった。それでも、海軍の対中政策という視点なくしては、日中戦争から太平洋戦争への展開を説明しきれないという主張には、ともすれば海軍の対中政策への過大評価が含まれてはいないだろうか。この説は本書最大のテーゼとなっており、実際のところ、対中政策の分析自体は説得的である。その一方で、海軍内では対米政策が主であり、対中政策は従であると著者も認めている。

評者の印象としては、日独伊三国軍事同盟や南進などによる日米対立の激化に太平洋戦争の起源を求める通説的見解を覆すというよりも、そこに海軍の対中政策という視点を補うような位置づけになるのではなかろうか。そのような印象が著者の真意から懸け離れているようであれば、日米開戦論や海軍の南進策に関する代表作を俎上に載せる必要があったのであろう。

本書の構成にも付言しておきたい。三つの課題に即したという本書の構成には、とりわけ第三章までにおいて、読者を混乱させかねない面があるように思えた。満州事変に始まる第四章から第九章が時系列的に書かれているのに対し、海軍自体の対中政策を解明したという第三章には、日中戦争期が含まれるためである。

また、序論にいうような構成であれば、対中政策全体における海軍の位置づけを満州事変以前に関して論じた部分がないことになる。しかし実際には、特に第三章は史料的制約のためか、海軍独自の政策に絞り込んでいるというよりも、外務省や逓信省を含む対中政策全体における海軍の役割を論じているようにみえる。さらに、第五章、第六章、補論二には重複する箇所もあり、初出時の諸論文を再構築する手もあったのではなかろうか。

こうした構成のためもあってか、半世紀に及ぶ分析の対象時期を通じた海軍内の潮流が、総体として今ひとつ把握しにくい感がある。この点が特に惜しまれるのは、〈日中海軍提携構想〉や〈湖水化構想〉といった独自の概念操作が試みられているだけでなく、本書でも用いられる「条約派」や「艦隊派」という区分が対中政策にも有効だと強く示唆されているからである。

本書に残された最大の課題は、中国側動向の分析であろう。とりわけ、〈日中海軍提携構想〉に中国がどこまで呼応していたのかは、本書の視角からすれば、日本海軍への評価において決定的な重要性を帯びてくるはずである。だとすれば、もう少し中国側の動向に記述を割けなかったであろうか。本書からは、中国側に日本海軍との提携論者は、安定的に存在しなかったという印象を受けた。実際にそうであったとすれば、〈日中海軍提携構想〉の実現可能性は、極めて限られていたことになる。

過度な要求といわれればそれまでだが、南開大学への留学経験があり、中国語を操れる著者だけに、今後にも期待したいと思う。

（芙蓉書房出版　二〇〇二・五刊　A5　三一〇頁　五八〇〇円）

（1）最近の研究として、村上勝彦「日中戦争下の東南アジア華僑」（宇野重昭編『深まる侵略 屈折する抵抗――一九三〇年―四〇年代の日・中のはざま』研文出版、二〇〇一年）一〇三―一三六頁、がある。

（2）拙著『東アジア国際環境の変動と日本外交　一九一八―一九三一』（有斐閣、二〇〇一年）二一八―二二六頁、を参照されたい。

# 終章　文献目録

## 「戦間期」東アジア国際政治史文献目録
### ——拙著『東アジア国際環境の変動と日本外交　一九一八—一九三一』追補

学術書が果たすべき役割の一つは、執筆時に依拠した文献を整理して、読者の参考に供することであろう。その文献目録は、著作の到達点を映す鏡でもある。欧米の学術書では文献目録が通常巻末に盛り込まれているし、*The Chicago Manual of Style, 14th edition* (Chicago: University of Chicago Press, 1993), pp. 513–528, には文献目録の作成要領が詳説されている。

残念ながら日本では、学術書に目録を掲載する習慣は定着していない。出版事情の悪化は、その傾向に拍車をかけている。文献目録に紙幅を割くのは至難であろう。

この点では、拙著『東アジア国際環境の変動と日本外交　一九一八—一九三一』(有斐閣、二〇〇一年）も例外ではない。同書は、「戦間前期」と呼ばれる一九一八年から一九三一年までの東アジア国際政治史を分析対象としたものである。だが、文献目録については、わずかに巻末で数頁ほど原文書の一覧を掲載するにとどめざるを得なかった。このため、完全な文献目録に関しては他日を期していた。以下に掲載する文献目録は、その完全版に他ならない。

ただし、お断りしておきたいことがある。第一に、読者の便宜を図るため、左記の文献目録には前掲拙著の原文書一覧をあえて含めてある。そのため、この文献目録と前掲拙著の巻末は、部分的に重複している。第二に、左記の文献目録は、前掲拙著に引用された文献を整理したものにすぎない。したがって、網羅的な文献目録とはなっていない。

いずれにせよ、学術書の刊行自体が困難になりつつある昨今において、目録掲載には一定の意義があるだろう。また、こうした目録の行間には、参照しきれていない文献までもが映し出されるはずである。だとすれば、拙著の限界を示すものともなろう。今後の研究に向けて、関係各位からの叱責を乞う次第である。

## Ⅰ　原文書

### 一　日本

「荒木貞夫文書」、国立国会図書館憲政資料室所蔵
「荒木貞夫関係文書」、東京大学法学部付属近代日本法政史料センター所蔵
「伊集院彦吉文書」、国立国会図書館憲政資料室所蔵
「今村均政治談話録音速記録」、国立国会図書館憲政資料室所蔵
「上田仙太郎文書」、国立国会図書館憲政資料室所蔵
「重光葵文書」、憲政記念館所蔵
「幣原平和文庫」、国立国会図書館憲政資料室所蔵
「高橋是清文書」、国立国会図書館憲政資料室所蔵
「田中義一文書」、国立国会図書館憲政資料室所蔵
「林出賢次郎文書」、国立国会図書館憲政資料室所蔵
「福田彦助文書」、国立国会図書館憲政資料室所蔵
「牧野伸顕文書」、国立国会図書館憲政資料室所蔵
「町野武馬政治談話録音速記録」、国立国会図書館憲政資料室所蔵
「山県有朋文書」、国立国会図書館憲政資料室所蔵
「大正末期ニ於ケル支那ニ関スル諸問題（守島事務官参考資料）」、1. 1. 2. 97、外務省外交史料館

所蔵
「西伯利亜及東支鉄道管理一件」、1. 7. 3. 94，外務省外交史料館所蔵
「西伯利亜及東支鉄道管理一件」、別冊、1. 7. 3. 94. 2，外務省外交史料館所蔵
「巴里平和会議　別冊　竹下海軍中将報告書」、2. 3. 1. 17，外務省外交史料館所蔵
「支那関税並治外法権撤廃問題北京会議一件　各国ノ態度」、2. 9. 10. 13–1，外務省外交史料館所蔵
「外務大臣其他本省員会談要領集」、松本記録、A. 1. 0. 0. 5，外務省外交史料館所蔵
「帝国ノ対支外交政策関係一件」、A. 1. 1. 0. 10，外務省外交史料館所蔵
「東方会議関係一件」、松本記録、A. 1. 1. 0. 22，外務省外交史料館所蔵
「支那ノ対外政策関係雑纂『革命外交』（重光葵駐支公使報告書）」、松本記録、A. 2. 1. 0. C1–1，外務省外交史料館所蔵
「支那政府ノ蘇連邦共産主義宣伝防止関係事件雑件　在哈爾浜蘇総領事館捜索事件　附在満州里及『ポグラニーチナヤ』領事館監視並捜査ノ一件」、A. 2. 2. 0. C/R 3–3，外務省外交史料館所蔵
「共産党宣伝関係雑件　対日宣伝関係」、A. 3. 4. 0. 2–4，外務省外交史料館所蔵
「共産党宣伝関係雑件　対日宣伝関係　共産主義文書輸入、密輸、輸入禁止関係」、A. 3. 4. 0. 2–

4−1, 外務省外交史料館所蔵

「支那各国間通商条約改定問題一件」、B. 2. 0. 0. C/X1, 外務省外交史料館所蔵

「不確実及無担保債権整理方交渉関係雑件」、E. 1. 6. 0. J5, 外務省外交史料館所蔵

「各国関税並法規関係雑件 中国ノ部 陸境関税関係」、E. 3. 1. 2. X1−C1−1, 外務省外交史料館所蔵

「東支鉄道関係一件 支那側ノ東支鉄道強制収用ニ原因スル露、支紛争問題（一九二九年）露、支両国ノ軍事行動」、F. 1. 9. 2. 5−4−3, 外務省外交史料館所蔵

「東支鉄道関係一件 支那側ノ東支鉄道強制収用ニ原因スル露、支紛争問題（一九二九年）帝国ノ態度」、F. 1. 9. 2. 5−6−4, 外務省外交史料館所蔵

「洮昂鉄道関係一件」、F. 1. 9. 2. 6, 外務省外交史料館所蔵

「吉会鉄道関係一件」、F. 1. 9. 2. 7, 外務省外交史料館所蔵

「四洮鉄道関係一件」、F. 1. 9. 2. 14, 外務省外交史料館所蔵

「南潯鉄道関係一件」、F. 1. 9. 2. 16, 外務省外交史料館所蔵

「東方文化事業関係雑件」、H. 0. 0. 0. 1, 外務省外交史料館所蔵

「日支共同委員会関係一件 汪―出淵協定」、H. 2. 2. 0. 1−1, 外務省外交史料館所蔵

「在支帝国公館関係雑件 移転関係 在北京公使館関係（遷都ニ依リ各国公使館ノ南遷問題ヲ含ム）」、

M. 1. 3. 0. 2–2–1, 外務省外交史料館所蔵

外務省調書類、亜細亜局、七、外務省外交史料館所蔵

外務省調書類、亜細亜局、十三、外務省外交史料館所蔵

外務省調書類、亜細亜局、三十六、外務省外交史料館所蔵

外務省警察史、5–15, 外務省外交史料館所蔵

「密大日記」、防衛庁防衛研究所図書館所蔵

「陸支密大日記」、防衛庁防衛研究所図書館所蔵

「陸支普大日記」、防衛庁防衛研究所図書館所蔵

友邦文庫、学習院大学東洋文化研究所所蔵

## 二　アメリカ

General Records of the Department of State. Record Group 59. National Archives (cited as RG 59).

Anderson, Chandler Parsons. Papers. Manuscript Division. Library of Congress.

Araki Sadao. Papers. Hoover Institution. Stanford University.

Borah, William Edgar. Papers. Manuscript Division. Library of Congress.

Butrick, Richard. Oral History Papers. Special Collections Division. Joseph Mark Lauinger Memorial Library. Georgetown University.

Castle, William R. Jr. Papers. Herbert Hoover Presidential Library.

Castle, William R. Jr. Papers. Houghton Library. Harvard University.

Graves, William S. Papers. Hoover Institution. Stanford University.

Grew, Joseph Clark. Papers. Houghton Library. Harvard University.

Harrison, Leland. Papers. Manuscript Division. Library of Congress.

Hoover, Herbert. Papers. Herbert Hoover Presidential Library.

Hornbeck, Stanley K. Papers. Hoover Institution. Stanford University.

Hu Hanmin. Papers. Yenching Institute Library. Harvard University.

Hu Shih. Office Files and Related Papers. Chinese Oral History Project. Rare Book and Manuscript Library. Columbia University.

Huang Fu. Office Files and Related Papers. Chinese Oral History Project. Rare Book and Manuscript Library. Columbia University.

Huang Fu. Papers. Hoover Institution. Stanford University.

Hughes, Charles Evans. Papers. Manuscript Division. Library of Congress.

Johnson, Nelson T. Papers. Manuscript Division. Library of Congress.

Kellogg, Frank B. Papers. Minnesota Historical Society.

Kimura Eiichi. Papers. Hoover Institution. Stanford University.

Koo, Wellington. Loose Material. Chinese Oral History Collection. Rare and Manuscript Library. Columbia University.

Koo, Wellington. Papers. Rare Book and Manuscript Library. Columbia University.

Lamont, Thomas William. Papers. Barker Library. Harvard University.

Lansing, Robert. Papers. Manuscript Division. Library of Congress.

MacMurray, John Van Antwerp. Papers. Seeley G. Mudd Manuscript Library. Princeton University.

McCormick, Vance C. Papers. Hoover Institution. Stanford University.

Peck, Willys R. Papers. Hoover Institution. Stanford University.

Poole, DeWitt Clinton. Papers. State Historical Society of Wisconsin.

Price, Ernest Batson. Papers. Hoover Institution. Stanford University.

Reinsch, Paul S. Papers. State Historical Society of Wisconsin.

Root, Elihu. Papers. Manuscript Division. Library of Congress.

Schurman, Jacob Gould. Papers. Division of Rare and Manuscript Collections. Carl A. Kroch Library. Cornell University.

Shinoda Jisaku. Papers. Hoover Institution. Stanford University.

Soong, T. V. Papers. Hoover Institution. Stanford University.

Stevens, John Frank. Papers. Hoover Institution. Stanford University.

Stevens, John Frank. Papers. Special Collections Division. Joseph Mark Lauinger Memorial Library. Georgetown University.

Stimson, Henry Lewis. Diary. Microfilm edition. Yale University.

Wang Cheng-ting. Academia Sinica Miscellaneous Related Manuscripts. Chinese Oral History Collections. Rare Book and Manuscript Library. Columbia University.

Washburn, Stanley. Oral History Project Papers. Columbia University.

Yen Hui-ch'ing. Papers. Hoover Institution. Stanford University.

Young, Arthur Nichols. Papers. Hoover Institution. Stanford University.

## 三　イギリス

CAB 23, FO 228, 262, 371, 374, 608. Public Record Office (cited as PRO).

Agren, Francis Arthur. Papers. Special Collections Reading Room. School of Oriental and African Studies Library. University of London.

Balfour, Arthur James. Papers. Manuscript Reading Room. British Library.

Curzon, George Nathaniel. Papers. Oriental and India Office Collections. British Library.

Chamberlain, Austen. Papers. Special Collections. Main Library. University of Birmingham.

George, D. Lloyd. Papers. House of Lords Record Office.

Lampson, Miles Wedderburn. Papers. Middle East Centre. St. Antony's College. University of Oxford.

Maze, Frederick. Papers. Special Collections Reading Room. School of Oriental and African Studies Library. University of London.

O'Malley, Owen. Papers. St. Antony's College Library. University of Oxford.

Pratt, John Thomas. Papers. Special Collections Reading Room. School of Oriental and African Studies Library. University of London.
Reading, Lord. Papers. Oriental and India Office Collections. British Library.
Simon, John Allsebrook. Papers. Modern Papers and John Johnson Reading Room. New Bodleian Library. University of Oxford.

## 四 台湾

国民政府档案、国史館所蔵
蔣中正総統档案、国史館所蔵
交通部档案、国史館所蔵
外交档案、中央研究院近代史研究所所蔵（前掲拙著の注では近史研と略称した）
外交部档案、国史館所蔵
外交部档案、中華民国外交部档案庫所蔵
閻錫山遺存档案、国史館所蔵
中国国民党档案、中国国民党文化伝播委員会党史館所蔵

### 五　中国

北洋政府外交部档案、中国第二歴史档案館所蔵

東鉄档案、哈爾浜市档案館所蔵

国民政府外交部档案、中国第二歴史档案館所蔵

吉海鉄路局档案、遼寧省档案館所蔵

南潯鉄路総公司档案、中国第二歴史档案館所蔵

四洮鉄路局档案、遼寧省档案館所蔵

洮昂鉄路局档案、遼寧省档案館所蔵

### 六　ロシア

Fond 08, 100, 146, 203, Arkhiv vneshney politiki Rossiyskoy Federatsii (cited as AVPRF).

## Ⅱ　二次文献

### 一　日本語文献

*Microfilm Reproductions of Selected Archives of the Japanese Army, Navy, and*

*Other Government Agencies, 1868–1945*. Washington, D. C., 1957–1958.

相沢美香「南満州における土地商租問題――満州事変発生の要因についての一考察」（『国史学』第一三五号、一九八八年）八十―九十九頁

会津士魂風雲録刊行会『会津士魂風雲録』（会津士魂風雲録刊行会、一九六一年）

明石岩雄「新四国借款団に関する一考察――ワシントン会議にいたる列強と中国民族運動の対抗」（『日本史研究』第二〇三号、一九七九年）一―二十九頁

――「石井・ランシング協定の前提」（『奈良史学』第四号、一九八六年）一―二十二頁

――「五四運動と南潯鉄道」（朝尾直弘教授退官記念会編『日本国家の史的特質――近世・近代』思文閣、一九九五年）四五三―四七五頁

――「一九二〇年代日中関係における『大蔵外交』の展開――駐華大蔵財務官公森太郎の記録から」（『奈良史学』第十四号、一九九六年）六―六十頁

浅田喬二『日本帝国主義と旧植民地地主制――台湾・朝鮮・満州における日本人大土地所有の史的分析』（御茶の水書房、一九六八年）

――『日本帝国主義下の民族革命運動――台湾・朝鮮・「満州」における抗日農民運動の展開過程』（未來社、一九七三年）

麻田貞雄「アメリカの対日観と『ワシントン体制』」（『国際政治』第三十四号、一九六七年）三十六—五十七頁

——「ワシントン会議」（外務省外交史料館、日本外交史辞典編纂委員会編『日本外交史辞典』山川出版社、一九九二年）一〇九三—一〇九七頁

——「ワシントン体制」（外務省外交史料館、日本外交史辞典編纂委員会編『日本外交史辞典』山川出版社、一九九二年）一〇九八—一一〇二頁

——『両大戦間の日米関係——海軍と政策決定過程』（東京大学出版会、一九九三年）

浅野豊美「ワシントン体制と日本のソ連承認」（『国際関係論研究』第七号、一九八九年）六十九—九十六頁

阿部洋「『対支文化事業』の成立過程」（『日本の教育史学』第二十一号、一九七八年）三十八—五十三頁

——「日本の『対支文化事業』と中国教育文化界——一九二〇年代後半期を中心として」（宇野精一編『東アジアの思想と文化』図書文献センター、一九八〇年）二二一—二八七頁

——「一九二〇年代満州における教育権回収運動——中国近代教育におけるナショナリズムの一側面」（『アジア研究』第二十七巻第三号、一九八〇年）一—四十頁

——「東亜同文会の中国人教育事業——一九二〇年代前半期における中国ナショナリズムとの対

応をめぐって」（阿部洋編『日中関係と文化摩擦』巌南堂書店、一九八二年）一―九十七頁

――「戦前日本の中国における文化事業――『対支文化事業』の展開と挫折をめぐって」（岩橋文吉編『国際化時代における人間形成』ぎょうせい、一九八二年）六十五―八十七頁

――「戦前における日中両国間の学術文化交流と摩擦――上海自然科学研究所の場合」（斎藤真、杉山恭、馬場伸也、平野健一郎編『国際関係における文化交流』日本国際問題研究所、一九八四年）一三九―一七〇頁

――『中国の近代教育と明治日本』（福村出版、一九九〇年）

雨宮昭一『近代日本の戦争指導』（吉川弘文館、一九九七年）

天羽英二日記・資料集刊行会編『天羽英二日記・資料集』第一巻、第二巻（天羽英二日記・資料集刊行会、一九八四―一九八九年）

有田八郎『馬鹿八と人は言う――外交官の回想』（光和堂、一九五九年）

有賀貞「協調による抑制――アメリカ」（『年報政治学』一九七〇年）一―五十二頁

安藤徳器編訳『汪精衛自叙伝』（大日本雄弁会講談社、一九四一年）

家近亮子「南京国民政府の北方への権力浸透について」（『東方学』第八十七号、一九九四年）一〇三―一一八頁

池井優「パリ平和会議と人種差別撤廃問題」（『国際政治』第二十三号、一九六三年）四十四―五十八

頁
——「第一次奉直戦争と日本」（栗原健編『対満蒙政策史の一面』原書房、一九六六年）一六三—一九一頁
——「第二次奉直戦争と日本」（栗原健編『対満蒙政策史の一面』原書房、一九六六年）一九三—二二四頁
——「山東問題、五・四運動をめぐる日中関係」（『法学研究』第四十三巻第一号、一九七〇年）二一五—二三四頁
池井優、波多野勝、黒沢文貴編『濱口雄幸日記・随感録』（みすず書房、一九九一年）
池田十吾『石井・ランシング協定をめぐる日米交渉——中国に関する日米両国交換公文の成立過程から廃棄に至るまで』（近代文藝社、一九九四年）
石射猪太郎『外交官の一生』（中公文庫、一九八六年）
石川禎浩「国共合作の崩壊とソ連・コミンテルン——いわゆる『スターリンの五月指示』をめぐって」（『神戸大学文学部紀要』第二十七号、二〇〇〇年）三七七—四〇〇頁
石川忠雄『中国共産党史研究』（慶応通信、一九五九年）
石原武「石原莞爾先生の思い出」（石原莞爾平和思想研究会鶴岡・田川支部編『石原将軍の思い出』石原莞爾平和思想研究会、一九九三年）一—五頁

井出季和太『支那関税特別会議の経過』（台北：台湾総督官房調査課、一九二七年）
伊藤隆『昭和初期政治史研究――ロンドン海軍軍縮問題をめぐる諸政治集団の対抗と提携』（東京大学出版会、一九六九年）
――「大正十四年の児玉秀雄宛吉田茂書簡」（『日本歴史』第六〇八号、一九九九年）一二四―一二八頁
伊藤隆、渡邊行男編『重光葵手記』（中央公論社、一九八六年）
伊藤武雄、荻原極、藤井満洲男編『現代史資料三十一　満鉄一』（みすず書房、一九六六年）
――『現代史資料三十二　満鉄二』（みすず書房、一九六六年）
伊藤之雄『大正デモクラシーと政党政治』（山川出版社、一九八七年）
――「第一次大戦と戦後日本の形成――立憲政友会の動向」（『法学論叢』第一四〇巻三・四号、一九九七年）一五五―二一一頁
稲葉正夫「張作霖爆殺事件」（参謀本部『昭和三年支那事変出兵史』巌南堂書店、一九七一年）一―四十五頁
稲葉正夫、小林龍夫、島田俊彦、角田順編『太平洋戦争への道　別巻資料編』（朝日新聞社、一九六三年）
井上寿一『危機の中の協調外交――日中戦争に至る対外政策の形成と展開』（山川出版社、一九九

四年）
井上学「日本帝国主義と間島問題」（『朝鮮史研究会論文集』第十号、一九七三年）三十六―四十五頁
井上勇一『鉄道ゲージが変えた現代史――列車は国家権力を乗せて走る』（中公新書、一九九〇年）
井星英「昭和初年における山東出兵の問題点」（『芸林』第二十八巻第三、四号、第二十九巻第一、二号、一九七九―一九八〇年）二―二十三、二十五―四十八、二十二―四十二、二―二十九頁
――「張作霖爆殺事件の真相」（『芸林』第三十一巻第一、二、三、四号、第三十二巻第一号、一九八二―一九八三年）二―四十三、二十九―六十二、二十四―六十六、二十七―六十二、三十二―四十八頁
今井駿『中国革命と対日抗戦――抗日民族統一戦線史研究序説』（汲古書院、一九九七年）
今井清一「大正期における軍部の政治的地位」下（『思想』第四〇二号、一九五七年）一〇六―一二二頁
――「一九二四年の東三省」（『中国』第二十四号、一九六五年）二十一―二十七頁
上原勇作関係文書研究会編『上原勇作関係文書』（東京大学出版会、一九七六年）
臼井勝美「張作霖爆死の真相」（『別冊知性 秘められた昭和史』一九五六年十二月）二十六―三十八頁
――『日中外交史――北伐の時代』（塙新書、一九七一年）
――『日本と中国――大正時代』（原書房、一九七二年）
――『満州事変――戦争と外交と』（中公新書、一九七四年）

――『中国をめぐる近代日本の外交』（筑摩書房、一九八三年）
――『日中外交史――昭和前期』（吉川弘文館、一九九八年）
宇野重昭「中国の動向（一九二六〜一九三二年）」（日本国際政治学会太平洋戦争原因研究部編『太平洋戦争への道』第二巻、朝日新聞社、一九六二年）一八九―二八八頁
海野芳郎『国際連盟と日本』（原書房、一九七二年）
江口圭一『日本帝国主義史論――満州事変前後』（青木書店、一九七五年）
衛藤瀋吉『東アジア政治史研究』（東京大学出版会、一九六八年）
大江志乃夫『張作霖爆殺――昭和天皇の統帥』（中公新書、一九八九年）
大阪経済法科大学間島史研究会編『満州事変前夜における在間島総領事館文書』上巻（大阪経済法科大学出版部、一九九九年）
大畑篤四郎『日本外交政策の史的展開――日本外交史研究　第一巻』（成文堂、一九八三年）
――「中国国民革命と日本の対応――不平等条約改正提議を中心に」（入江昭、有賀貞編『戦間期の日本外交』東京大学出版会、一九八四年）一二五―一五三頁
――『日本外交の発展と調整――日本外交史研究　第二巻』（成文堂、一九八九年）
――「『対支文化事業』と日中関係」（『研究シリーズ』第三十五号、一九九七年）十九―五十六頁
大山梓編『山県有朋意見書』（原書房、一九六六年）

――「南京事件と幣原外交」（『政経論叢』第四十巻第三・四号、一九七一年）一―十頁
岡義武、林茂編『大正デモクラシー期の政治――松本剛吉政治日誌』（岩波書店、一九五九年）
緒方貞子『満州事変と政策の決定過程』（原書房、一九六六年）
尾形洋一「瀋陽における国権回収運動――遼寧省国民外交協会ノート」（『社会科学討究』第二十五巻第二号、一九七〇年）二十一―五十四頁
――「易幟後の東北に於ける国民党の活動について」（『史観』第九十一冊、一九七五年）五十六―六十八頁
――「東北交通委員会と所謂『満蒙包囲鉄道網計画』」（『史学雑誌』第八十六編第八号、一九七七年）三十九―七十二頁
――「カラハン中国在勤時期の東省鉄路――一九二三～一九二五年」（安藤彦太郎編『近代日本と中国――日中関係論集』汲古書院、一九八九年）一六五―二四四頁
岡部長景「対支文化事業の使命」（『外交時報』第四九二号、一九二五年）五十四―六十三頁
岡本隆司『近代中国と海関』（名古屋大学出版会、一九九九年）
小川平吉文書研究会編『小川平吉関係文書』第二巻（みすず書房、一九七三年）
小澤治子「ワシントン会議とソビエト外交――極東共和国の役割を中心に」（『政治経済史学』第三〇七号、一九九二年）一―二十一頁

外務省編『外務省公表集』（各年版）
――『日本外交文書』（各年版）
――『日本外交年表竝主要文書』上下巻（原書房、一九六五年）
外務省欧亜局第一課『日「ソ」交渉史』（巌南堂書店、一九四二年）
笠原十九司「パリ講和会議と山東主権回収運動」（中央大学人文科学研究所編『五・四運動史像の再検討』中央大学出版部、一九八六年）八十五―一五二頁
――「北京政府とシベリア出兵――第一次大戦とロシア革命がもたらした東アジア世界の変動」（中央大学人文科学研究所編『民国前期中国と東アジアの変動』中央大学出版部、一九九九年）四十三―九十七頁
鹿島節子「朝鮮義勇隊の成立と活動――金元鳳の動向を中心に」（『朝鮮独立運動史研究』第四号、一九八七年）四十五―六十八頁
梶村秀樹『朝鮮史の枠組と思想』（研文出版、一九八二年）
加藤聖文「松岡洋右と満鉄――ワシントン体制への挑戦」（小林英夫編『近代日本と満鉄』吉川弘文館、二〇〇〇年）六十四―一〇七頁
加藤陽子「ロンドン海軍軍縮問題の論理――常備兵額と所要兵力量のあいだ」（『年報近代日本研究』第二十号、一九九八年）一五三―一七四頁

金子文夫『近代日本における対満州投資の研究』（近藤出版社、一九九一年）
上村伸一『破滅への道』（鹿島研究所出版会、一九六六年）
河合秀和「北伐へのイギリスの対応――『クリスマス・メッセージ』を中心として」（細谷千博、斎藤真編『ワシントン体制と日米関係』東京大学出版会、一九七八年）一五七―一八九頁
川島真「一九二一年ワシントン会議参加をめぐる中国統一論議――民国北京政府外交部による外交主体表現と正統性の維持」（『史潮』第四十五号、一九九九年）一一五―一三六頁
――「ワシントン会議における中華民国全権代表団編成過程」（『北大法学論集』第五十巻第二号、一九九九年）一九三―一二三三頁
川田稔『原敬　転換期の構想――国際社会と日本』（未來社、一九九五年）
――『浜口雄幸集――論述・講演篇』（未來社、二〇〇〇年）
河村一夫『近代日中関係史の諸問題』（南窓社、一九八三年）
韓俊光（森川展昭訳）「墾島［間島］における洪範図将軍」（『朝鮮民族運動史研究』第六号、一九八九年）七―三十八頁
菊池貴晴『中国民族運動の基本構造――対外ボイコット運動の研究』（汲古書院、一九六六年）
木坂順一郎「軍部とデモクラシー――日本における国家総力戦準備と軍部批判をめぐって」（『国際政治』第三十八号、一九六九年）一―四十一頁

岸野博光「南京事件と漢口事件」（『軍事史学』第四巻第一号、一九六八年）一〇一―一一一頁
北岡伸一「外交指導者としての後藤新平」（『年報近代日本研究』第二号、一九八〇年）五十五―九十五頁
――「ワシントン体制と『国際協調』の精神――マクマリ・メモランダム（一九三五年）によせて」（『立教法学』第二十三号、一九八四年）六十八―一一三頁
――『後藤新平――外交とヴィジョン』（中公新書、一九八八年）
――「支那課官僚の役割――政軍関係の再検討のために」（『年報政治学』一九八九年）一―二十三頁
――『政党から軍部へ――一九二四―一九四一』（中央公論新社、一九九九年）
北村稔『第一次国共合作の研究――現代中国を形成した二大勢力の出現』（岩波書店、一九九八年）
木戸日記研究会、日本近代史料研究会編『鈴木貞一氏談話速記録』上下巻（日本近代史料研究会、一九七一―一九七四年）
樹中毅「南京国民政府統治の制度化とイデオロギーの形骸化――蔣介石の独裁統治確立と安内攘外の政策過程（一九三二―一九三七）」（『法学政治学研究』第三十一号、一九九六年）二四七―二八四頁
姜在彦『朝鮮の開化思想』（岩波書店、一九八〇年）
姜徳相編『現代史資料二十七　朝鮮三』（みすず書房、一九七〇年）

――『現代史資料二十八　朝鮮四』（みすず書房、一九七二年）
――「海外における朝鮮独立運動の発展」（『東洋文化研究所紀要』第五十一冊、一九七〇年）二十五―七十九頁
金九（梶村秀樹訳注）『白凡逸志』（平凡社、一九七三年）
金正柱編『朝鮮統治史料』第五巻（韓国史料研究所、一九七〇年）
金静美「朝鮮独立運動史上における一九二〇年一〇月――青山里戦闘の歴史的意味を求めて」（『朝鮮民族運動史研究』第三号、一九八六年）一〇五―二〇〇頁
久保亨『戦間期中国〈自立への模索〉――関税通貨政策と経済発展』（東京大学出版会、一九九九年）
ポール・クローデル（奈良道子訳）『孤独な帝国――日本の一九二〇年代』（草思社、一九九九年）
黒沢文貴『大戦間期の日本陸軍』（みすず書房、二〇〇〇年）
黒野耐『帝国国防方針の研究――陸海軍国防思想の展開と特徴』（総和社、二〇〇〇年）
小池聖一「『国家』としての中国、『場』としての中国――満洲事変前、外交官の対中国認識」（『国際政治』第一〇八号、一九九五年）一四八―一六〇頁
――「『交渉』と『蓄積』――日中関税協定施行過程における日本側対応」（『年報近代日本研究』第十七号、一九九五年）一七一―一九三頁
――「『治外法権の撤廃』と『治安維持』――満州事変前後の『連続性』に関する一考察」（『広島

平和科学』第十八号、一九九五年）八十七—一一一頁

——「経済提携の蹉跌——満州事変前の債務整理問題をめぐって」（『史学研究』第二一六号、一九九七年）二十一—三十九頁

——「『ワシントン体制』理解の変遷——戦後日本近現代史の史学史的一考察」（『中央史学』第二十一号、一九九八年）四十七—七十一頁

——「『提携』の成立——日中関税協定成立の条件」（曽田三郎編『近代中国と日本——提携と敵対の半世紀』御茶の水書房、二〇〇一年）二二九—二五八頁

纐纈厚『総力戦体制研究』（三一書房、一九八一年）

「河本大作　私が張作霖を殺した」（『文藝春秋』一九五四年十二月号）一九四—二〇一頁

小瀬一「南京国民政府成立期の中国海関——アグレン時代の海関運営をめぐって」（『経済学論集』第三十四巻第二号、一九九四年）二十一—五十三頁

——「中国海関と北京特別関税会議」（『東洋史研究』第五十六巻第二号、一九九七年）一五二—一七五頁

後藤春美「一九二〇年代中国における日英『協調』」（木畑洋一、イアン・ニッシュ、細谷千博、田中孝彦編『日英交流史　一六〇〇—二〇〇〇』第一巻、東京大学出版会、二〇〇〇年）二七九—三〇八頁

近衛文麿「英米本位の平和主義を排す」（『日本及日本人』第七四六号、一九一八年）二十三—二十六頁

小林龍夫「パリー平和会議と日本の外交」(植田捷雄編『近代日本外交史の研究』有斐閣、一九五六年)三六五—四二二頁
——『翠雨荘日記——臨時外交調査会会議筆記等』(原書房、一九六六年)
小林龍夫、島田俊彦編『現代史資料七　満洲事変』(みすず書房、一九六四年)
小林元裕「天津事件再考——天津総領事館・支那駐屯軍・日本人居留民」(『日本植民地研究』第八号、一九九六年)一—十七頁
小林幸男「日ソ漁業問題における資本主義と社会主義の相剋——『国益擁護』論と出稼漁夫の階級的覚醒をめぐって」(細谷千博編『太平洋・アジア圏の国際経済紛争史——一九二二—一九四五』東京大学出版会、一九八三年)二三五—二六三頁
——『日ソ政治外交史——ロシア革命と治安維持法』(有斐閣、一九八五年)
在華日本紡績同業会編『船津辰一郎』(東邦研究会、一九五八年)
斉藤孝「米・英・国際連盟の動向(一九三一~一九三三年)」(日本国際政治学会太平洋戦争原因研究部編『太平洋戦争への道』第二巻、朝日新聞社、一九六二年)三四一—三八六頁
斎藤良衛「張作霖の死」(『会津短期大学学報』第五号、一九五五年)一—一五六頁
齋藤瀏『獄中の記』(東京堂出版、一九四〇年)
酒井一臣「新四国借款団と国際金融家——国際協調主義の論理と限界」(『史林』第八十四巻第二号、

二〇〇一年）一〇四―一三三頁
酒井哲哉「『英米協調』と『日中提携』」（『年報近代日本研究』第十一号、一九八九年）六十一―九十二頁
――『大正デモクラシー体制の崩壊――内政と外交』（東京大学出版会、一九九二年）
相良俊輔『赤い夕陽の満州野が原に――鬼才河本大作の生涯』（光人社、一九七八年）
佐々木到一『中国国民党の歴史と其解剖』（東亜同文会調査編纂部、一九二六年）
――『南方革命勢力の実相と其の批判』（大阪屋号書店、一九二七年）
――『支那内争戦従軍記』（武揚堂書店、一九三一年）
――『私は支那を斬く見る』（照文閣、一九四二年）
――『ある軍人の自伝』（普通社、一九六三年）
佐々木春隆「韓国独立運動史上の『青山里大戦』考」（『軍事史学』第十五巻第三号、一九七九年）二十二―三十四頁
――「『琿春事件』考」上、中、下（『防衛大学校紀要』第三十九、四十、四十一輯、一九七九―一九八〇年）二九三―三三二、二一三三―二七五、三六一―三八八頁
佐藤誠三郎『「死の跳躍」を越えて――西洋の衝撃と日本』（都市出版、一九九二年）
佐藤元英「満州における土地商租権問題その一――満州事変前における施行細則交渉」（『論究』

第六巻第一号、一九七四年）五十七―七十一頁
――『昭和初期対中国政策の研究――田中内閣の対満蒙政策』（原書房、一九九二年）
――『近代日本の外交と軍事――権益擁護と侵略の構造』（吉川弘文館、二〇〇〇年）
サンケイ新聞社『蔣介石秘録』第六巻、第八巻（サンケイ新聞社出版局、一九七五―一九七六年）
参謀本部『昭和三年支那事変出兵史』（巌南堂書店、一九七一年）
重光葵『昭和の動乱』上巻（中央公論社、一九五二年）
――『外交回想録』（毎日新聞社、一九五三年）
――「済南事件解決」（『中国研究月報』第四十二巻第十号、一九八八年）四十二―四十六頁
――「佐分利公使の死」（『中国研究月報』第四十二巻第十一号、一九八八年）三十八―四十二頁
幣原喜重郎『外交五十年』（中公文庫、一九八七年）
幣原平和財団編『幣原喜重郎』（幣原平和財団、一九五五年）
篠田治策『統監府時代に於ける間島韓民保護に関する施設』（ソウル：朝鮮総督官房文書課、一九三〇年、学習院大学東洋文化研究所友邦文庫、5189/9）
信夫淳平『満蒙特殊権益論』（日本評論社、一九三二年）
澁谷由里「張作霖政権下の奉天省民政と社会――王永江を中心として」（『東洋史研究』第五十二巻第一号、一九九三年）八十四―一一七頁

――「『九・一八』事変直後における瀋陽の政治状況――奉天地方維持委員会を中心として」(『史林』第七十八巻第一号、一九九五年)一三八―一五八頁

島田俊彦「満州事変の展開(一九三一～一九三二年)」(日本国際政治学会太平洋戦争原因研究部編『太平洋戦争への道』第二巻、朝日新聞社、一九六二年)一―一八六頁

――「張作霖爆殺事件」(『軍事史学』第一巻第二号、一九六五年)八十二―九十五頁

――「東支鉄道をめぐる中ソ紛争――柳条溝事件直前の満州情勢」(『国際政治』第四十三号、一九七〇年)二十五―五十頁

島貫武治編「第一次世界大戦以後の国防方針、所要兵力、用兵綱領の変遷」下(『軍事史学』第九巻第一号、一九七三年)六十五―七十五頁

清水秀子「山東問題」(『国際政治』第五十六号、一九七七年)一一七―一三六頁

邵建国「済南事件の再検討」(『九州史学』第九十三号、一九八八年)五十九―八十頁

――「満蒙鉄道交渉と東三省政権――吉会鉄道敷設請負契約の実施交渉をめぐって」(『九州史学』第一〇三号、一九九二年)四十一―五十八頁

――「『済南事件』交渉と蒋介石」(『国際政治』第一〇四号、一九九三年)一六八―一八二頁

――「『済南事件』をめぐる中日外交交渉」(*NUCB Journal of Economics and Management*, 第四十四巻第二号、二〇〇〇年)一四五―一五六頁

尚友倶楽部編『岡部長景日記——昭和初期華族官僚の記録』（柏書房、一九九三年）
尚友倶楽部、広瀬順晧、櫻井良樹編『伊集院彦吉関係文書』第二巻（芙蓉書房、一九九七年）
饒良倫、張秀蘭、段光達（古厩忠夫訳）「中東鉄道事件の原因と結果」（『東アジア——歴史と文化』第二号、一九九三年）一—八頁
白石仁章「シベリア出兵後における日本の北満進出過程の一考察—— 洮昂鉄道敷設問題を中心に」（『外交史料館報』第六号、一九九三年）四十一—五十六頁
晋林波「原内閣における対中国政策の新展開——南北妥協問題を中心として」（『法政論集』第一四三、一四四号、一九九二年）一一三—一七一、三五五—三九九頁
——「原内閣の対『満蒙』政策の新展開」（『法政論集』第一四五、一五二、一五三号、一九九三—一九九四年）一七五—二二二、二六七—三一三、二二一—二六八頁
鈴木貞一「北伐と蔣・田中密約」（『別冊知性 秘められた昭和史』一九五六年十二月）二十—二十五頁
須磨未千秋編『須磨弥吉郎外交秘録』（創元社、一九八八年）
関静雄『日本外交の基軸と展開』（ミネルヴァ書房、一九九〇年）
——「幣原外交と第二次奉直戦争」（『手塚山大学教養部紀要』第四十四号、一九九五年）一—二十二頁
関寛治「満州事変前史（一九二七～一九三一年）」（日本国際政治学会太平洋戦争原因研究部編『太平洋戦争への道』第一巻、朝日新聞社、一九六三年）二八五—四四〇頁

――『現代東アジア国際環境の誕生』（福村出版、一九六六年）
副島昭一「中国における治外法権撤廃問題」（『和歌山大学教育学部紀要』第二十九集、一九八〇年）三十一―四十頁
――「中国の不平等条約撤廃と『満州事変』」（古屋哲夫編『日中戦争史研究』吉川弘文館、一九八四年）一七九―二三五頁
――「『満洲国』統治と治外法権撤廃」（山本有造編『「満洲国」の研究』緑蔭書房、一九九五年）一三一―一五五頁
十河俊輔「一九二〇年代満洲における独立運動団体と朝鮮人社会――正義府を事例として」（『朝鮮学報』第一六五輯、一九九七年）七十三―一〇三頁
園田一亀『快傑張作霖』（中華堂、一九二二年）
対支功労者伝記編纂会編『続対支回顧録』下巻（大日本教化図書株式会社、一九四一年）
田岡良一『委任統治の本質』（有斐閣、一九四一年）
高橋勝浩「『米国排日移民法修正問題』と駐米大使出淵勝次」（『日本歴史』第五二三号、一九九一年）五十九―七十五頁
――「『出淵勝次日記』㈡――大正十二年～十五年」（『国学院大学日本文化研究所紀要』第八五輯、二〇〇〇年）三七三―五三〇頁

高橋是清『随想録』（千倉書房、一九三六年）
高橋秀直「陸軍軍縮の財政と政治――政党政治体制確立期の政―軍関係」（『年報近代日本研究』第八号、一九八六年）一四三―一八三頁
高橋正衛編『林銑十郎　満洲事件日誌』（みすず書房、一九九六年）
高原秀介「ウィルソン政権と『対華二十一カ条』問題」（『六甲台論集　法学政治学篇』第四十三巻第三号、一九九七年）一〇五―一三一頁
――「ウィルソン政権と『石井・ランシング協定』の成立」（『神戸法学雑誌』第四十七巻第三号、一九九七年）五四五―五九八頁
――「ウィルソン政権とシベリア撤兵問題」（『六甲台論集　法学政治学篇』第四十七巻第一号、二〇〇〇年）一五五―一七八頁
――「米国のシベリア撤兵と日本（一九一九～一九二〇年）――日米のパーセプション・ギャップの一事例」（『軍事史学』第三十六巻第三・四号、二〇〇一年）九十―一〇八頁
高村直助『近代日本綿業と中国』（東京大学出版会、一九八二年）
滝口太郎「政治変動期における外交交渉――漢口英租界回収事件をめぐって」（『国際政治』第六十六号、一九八〇年）五十四―七十一頁
竹中憲一『「満州」における教育の基礎的研究』全六巻（柏書房、二〇〇〇年）

田中隆一「朝鮮統治における『在満朝鮮人』問題」（『東洋文化研究』第三号、二〇〇一年）一二九―一六一頁
駄場裕司「後藤・ヨッフェ交渉前後の玄洋社・黒龍会」（『拓殖大学百年史研究』第六号、二〇〇一年）三十―四十五頁
玉井禮一郎編『石原莞爾選集二　ベルリンから妻へ』（たまいらぼ、一九八五年）
中央大学人文科学研究所「民国史研究」チーム編『中華民国前期中国社会と東アジア世界の変動―国際シンポジウムの記録』（中央大学人文社会科学研究所、一九九九年）
朝鮮総督府『朝鮮総督府施政年報』一九二四年度版（ソウル：朝鮮総督府、一九二六年）
―『朝鮮総督府施政年報』一九二五年度版（ソウル：朝鮮総督府、一九二七年）
―『施政二十五年史』（ソウル：朝鮮総督府、一九三五年）
青島日本商工会議所『済南事件調査書』（青島：青島日本商工会議所、一九二八年）
塚瀬進『中国近代東北経済史研究―鉄道敷設と中国東北経済の変化』（東方書店、一九九三年）
塚本元「福州事件と中日交渉―『軍閥期』北京外交部の役割の一例」（中央研究院近代史研究所編『第三届近百年中日関係研討会論文集』上冊、台北：中央研究院近代史研究所、一九九六年）三八三―四一四頁
槻木瑞生「日本旧植民地における教育―一九二〇年代の『満州』における中国人教育を中心として」（『名古屋大学教育学部紀要』第二十巻、一九七三年）一二一―一三三頁

――「中国東北の朝鮮族と教育権回収運動」（『同朋大学論叢』第七十号、一九九四年）三十一―六十二頁

土田哲夫「郭松齢事件と国民革命」（『近きにありて』第四号、一九八三年）十一―二十八頁

――「東三省易幟の政治過程（一九二八年）」（『東京学芸大学紀要　第三部門　社会科学』第四十四号、一九九二年）七十一―一〇八頁

――「一九二九年の中ソ紛争と『地方外交』」（『東京学芸大学紀要　第三部門　社会科学』第四十八号、一九九六年）一七三―二〇七頁

――「一九二九年の中ソ紛争と日本」（『中央大学論集』第二十二号、二〇〇一年）十七―二十七頁

土田宏成「陸軍軍縮時における部隊廃止問題について」（『日本歴史』第五六九号、一九九五年）七十―八十五頁

土屋光芳「済南事件前後の中国国民政府の対日政策――『反共・親日』から『不抵抗』へ」（財団法人桜田会編『総史立憲民政党　理論編』学陽書房、一九八九年）七六〇―七八六頁

――「汪精衛は何故に『反蒋運動』から蒋汪合作に転換したのか？」（『政経論叢』第六十一巻第一号、一九九二年）九十七―一二二頁

――「蒋汪合作政権の対日政策：不抵抗政策から『一面抵抗・一面交渉』へ」（『政経論叢』第六十二巻第一号、一九九三年）一二三―一六〇頁

筒井清忠『昭和期日本の構造――その歴史社会学的考察』（有斐閣、一九八四年）
角田順編『宇垣一成日記』第一巻（みすず書房、一九六八年）
――『石原莞爾資料 国防論策篇』（原書房、一九九四年）
鶴見祐輔『後藤新平』第二巻（勁草書房、一九六五年）
寺西秀武「経済を主とした支那時局観と対支政策」（『外交時報』第五四八号、一九二七年）六十六―九十二頁
寺山恭輔「不可侵条約をめぐる満州事変前後のソ日関係」（『史林』第七十四巻第四号、一九九一年）六十二―九十五頁
土肥原賢二刊行会編『秘録土肥原賢二』（芙蓉書房、一九七二年）
栃木利夫、坂野良吉『中国国民革命――戦間期東アジアの地殻変動』（法政大学出版局、一九九七年）
戸部良一『日本陸軍と中国――「支那通」にみる夢と蹉跌』（講談社、一九九九年）
富田武「中国国民革命とモスクワ 一九二四～一九二七年――ロシア公文書館史料を手がかりに」（『成蹊法学』第四十九号、一九九九年）三五七―四〇〇頁
長田彰文「ベルサイユ講和会議と朝鮮問題――パリでの金奎植の活動と日米の対応」（『一橋論叢』第一一五巻第二号、一九九六年）二十一―四十一頁

――「日本の朝鮮統治における『文化政治』の導入と斎藤実」（『上智史学』第四十三号、一九九八年）二十九―五十八頁
――「朝鮮独立運動と国際関係――一九一八―一九二二」（『国際政治』第一二二号、一九九九年）二十三―三十八頁
――「朝鮮三・一独立運動と日本政界――運動への日本の対応と朝鮮統治の『改革』をめぐる政治力学」（『上智史学』第四十四号、一九九九年）五十五―八十八頁
中西寛「二十世紀国際関係の始点としてのパリ講和会議――若き指導者たちの国際政治観」（『法学論叢』第一二八巻第二号、第一二九巻第二号、一九九〇―一九九一年）四十八―七十七、三十九―六十三頁
中村菊男編『昭和陸軍秘史』（番町書房、一九六八年）
中村隆英『戦前期日本経済成長の分析』（岩波書店、一九七一年）
中村義『白岩龍平日記――アジア主義実業家の生涯』（研文出版、一九九九年）
西春彦『回想の日本外交』（岩波新書、一九六五年）
西川博史『日本帝国主義と綿業』（ミネルヴァ書房、一九八七年）
西村成雄「第一次世界大戦後の中国における民族運動――民族ブルジョワジーと『旅順・大連回収運動』をめぐって」（『日本史研究』第一五〇・一五一号、一九七五年）二四六―二六一頁

――『中国近代東北地域史研究』（法律文化社、一九八四年）
――「日本政府の中華民国認識と張学良政権――民族主義的凝集性の再評価」（山本有造編『「満洲国」の研究』緑蔭書房、一九九五年）一―三十七頁
――『張学良――日中の覇権と「満洲」』（岩波書店、一九九六年）
西村文夫「東支鉄道をめぐるソヴェト外交――一九一九年のカラハン宣言と東支鉄道処理問題」（『共産圏問題』第十巻第十号、一九六六年）六十一―八十三頁
日本共産党中央委員会『日本共産党の六十年』（日本共産党中央委員会出版局、一九八二年）
野沢豊編『中国国民革命史の研究』（青木書店、一九七四年）
野村浩一「満州事変直前の東三省問題」（『国際政治』第十五号、一九六一年）七十一―八十六頁
――『蔣介石と毛沢東――世界戦争のなかの革命』（岩波書店、一九九七年）
萩原充『中国の経済建設と日中関係――対日抗戦への序曲　一九二七～一九三七年』（ミネルヴァ書房、二〇〇〇年）
狭間直樹編『中国国民革命の研究』（京都大学人文科学研究所、一九九二年）
秦郁彦『昭和史の謎を追う』上巻（文藝春秋、一九九三年）
波多野澄雄、黒沢文貴責任編集『侍従武官長奈良武次日記・回顧録』第三巻（柏書房、二〇〇〇年）
波多野勝「憲政会の外交から幣原外交へ――憲政会の外交方針と第二次奉直戦争」（『法学研究』

第七十三巻第一号、二〇〇〇年）四四九—四七九頁
波多野勝、黒沢文貴、斎藤聖二、櫻井良樹編『海軍の外交官　竹下勇日記』（芙蓉書房、一九九八年）
服部英里子「シベリア出兵と東支鉄道管理問題——一九二一—一九二二年を中心に」（原朗編『近代日本の経済と政治』山川出版社、一九八六年）八十七—一一三頁
服部龍二「原外交と幣原外交——日本の対中政策と国際環境：一九一八—一九二七」（『神戸法学雑誌』第四十五巻第四号、一九九六年）七六三—八〇七頁
——「張作霖爆殺事件における関東軍上層部——『河本大作供述書』（一九五三年四月十一日）を中心として」（『六甲台論集　法学政治学篇』第四十三巻第二号、一九九六年）六十五—七十一頁
——「中国外債整理交渉における幣原外相と重光臨時駐華代理公使——ワシントン体制下の二つの対外路線と満州事変：一九二九—一九三一」（『国際政治』第一一三号、一九九六年）一六七—一八〇頁
——「協調の中の拡張策——原内閣の在華権益拡張策と新四国借款団」（『社会文化科学研究』第二号、一九九八年）七—三十頁
——「済南事件の経緯と原因」（『軍事史学』第三十四巻第二号、一九九八年）十九—三十頁
——「田中内閣とソ連——日ソ不可侵条約問題と対日政治宣伝禁止問題を中心として：一九二七—一九二九」（『政治経済史学』第三八七号、一九九八年）一—九頁

――「パリ講和会議と五・四運動」（『社会文化科学研究』第三号、一九九九年）三―二十五頁
――「ワシントン会議と極東問題――一九二一―一九二二」（『史学雑誌』第一〇八編第二号、一九九九年）一―三十三頁
――「『戦間前期』東アジア国際政治研究の方法論的覚書」（『政治経済史学』第三九六号、一九九九年）一―十七頁
――「ワシントン体制論の分化――中国修約外交と日米英」（『国際政治』第一二二号、一九九九年）五十四―六十八頁
――「ロシア対外政策公文書館を訪れて」（『近現代東北アジア地域史研究会ニューズレター』第十一号、一九九九年）十三―十七頁
――「『鮮満防衛』体制の模索――原内閣の対満蒙政策と国際政治」（『社会文化科学研究』第四号、二〇〇〇年）三十九―六十八頁
――「中国革命外交と日米英――一九二八―一九二九」（『中国研究月報』第五十四巻第七号、二〇〇〇年）三十九―四十九頁
――「東アジア構想の相剋――中ソ紛争と国際政治：一九二九」（『拓殖大学論集　政治・経済・法律研究』第三巻第一号、二〇〇〇年）一四九―一五九頁
――「満州事変における秩序回復の可能性」（『政治経済史学』第四一〇号、二〇〇〇年）十七―三十

四頁

――「南開大学日本研究センター主催国際会議『国際関係と東アジアの安全保障』の概要」（『拓殖大学論集　政治・経済・法律研究』第三巻第二号、二〇〇〇年）八十七―九十二頁

――「中華民国外交部档案庫の所蔵公開状況――対日関係を中心として」（『東北アジア地域史研究会ニューズレター』第十二号、二〇〇〇年）四十六―七十三頁

――「戦間期イギリス外交の個人文書等について」（『拓殖大学論集　政治・経済・法律研究』第三巻第三号、二〇〇一年）五十九―六十七頁

――「満州事変と重光駐華公使報告書」（『軍事史学』第三十七巻第二・三号、二〇〇一年）二四七―二五九頁

馬場明『日中関係と外政機構の研究――大正・昭和期』（原書房、一九八三年）

――『日露戦争後の日中関係――共存共栄主義の破綻』（原書房、一九九三年）

――「パリ講和会議と牧野伸顕」（『国学院大学大学院紀要　文学研究科』第二十六輯、一九九五年）四十五―七十頁

馬場伸也「北京関税特別会議にのぞむ日本の政策決定過程」（細谷千博、綿貫譲治編『対外政策決定過程の日米比較』東京大学出版会、一九七七年）三七五―四一七頁

浜口祐子『日本統治と東アジア――植民地期朝鮮と満洲の比較研究』（勁草書房、一九九六年）

林正和「間島問題に関する日清交渉の経緯」（『駿台史学』第十号、一九六〇年）一八一―一九九頁
――「琿春事件の経過」（『駿台史学』第十九号、一九六六年）一〇七―一二六頁
――「張作霖軍閥の形成過程と日本の対応」（『国際政治』第四十一号、一九七〇年）一二二―一四二頁
――「郭松齢事件と一日本人――守田福松医師の手記『郭ヲ諫メテ』について」（『駿台史学』第三十七号、一九七五年）一二二―一四一頁
原奎一郎編『原敬日記』第五巻（福村出版、一九八一年）
原敬全集刊行会編『原敬全集』下巻（原書房、一九六九年）
原暉之『シベリア出兵――革命と干渉　一九一七―一九二二』（筑摩書房、一九八九年）
原田熊雄『西園寺公と政局』第二巻（岩波書店、一九五〇年）
判澤純太『近代日中関係の基本構造――日中摩擦の起源とマッケー条約』（論創社、一九九七年）
坂野潤治『近代日本の外交と政治』（研文出版、一九八五年）
東尾和子「琿春事件と間島出兵」（『朝鮮史研究会論文集』第十四号、一九七七年）五十九―八十五頁
日高信六郎「モノにならなかった国際会議」（『国際問題』第三十七号、一九六三年）五十八―六十一頁
疋田康行「一九三〇年代前半の日本の対中経済政策の一側面――債権整理問題を中心に」（野沢豊

編『中国の幣制改革と国際関係』東京大学出版会、一九八一年）三三五―三六五頁
平井友義『三〇年代ソビエト外交の研究』（有斐閣、一九九三年）
平野健一郎「満州における日本の教育政策――一九〇六年―一九三一年」（『アジア研究』第十五巻第三号、一九六八年）二十四―五十二頁
――「西原借款から新国際借款団へ」（細谷千博、斎藤真編『ワシントン体制と日米関係』東京大学出版会、一九七八年）二八三―三二〇頁
――「一九二三年の満州」（平野健一郎編『近代日本とアジア』東京大学出版会、一九八四年）二三五―二五九頁
平野零児『満州の陰謀者――河本大作の生涯』（自由国民社、一九五九年）
広瀬順晧編『憲政史編纂会旧蔵政治談話速記録』第八巻（ゆまに書房、一九九九年）
――『近代外交回顧録』第四巻（ゆまに書房、二〇〇〇年）
藤井昇三「一九二〇年安直戦争をめぐる日中関係の一考察――辺防軍問題を中心として」（『国際政治』第十五号、一九六一年）五十六―七十頁
――『孫文の研究――とくに民族主義理論の展開を中心として』（勁草書房、一九六六年）
――「中国革命と第一次カラハン宣言」（『アジア経済』第十巻第十号、一九六九年）二十一―三十六頁

――「ワシントン会議と中国の民族運動」（『東洋文化研究所紀要』第五十冊、一九七〇年）二〇三―二五三頁
――「『平和』からの解放――中国」（『年報政治学』一九七〇年）五十三―九十八頁
――「中国革命と帝国主義列強――『五・三〇』から『三・一八』まで」（野村浩一、小林弘二編『中国革命の展開と動態』アジア経済出版会、一九七二年）三一―五十頁
藤村欣市朗『高橋是清と国際金融――財務官の系譜とリース・ロス卿』下巻（福武書店、一九九二年）
藤本博生「日本帝国主義と五四運動」（京都大学人文科学研究所共同研究報告『五四運動の研究』第一函三、同朋舎、一九八二年）
船木繁『支那派遣軍総司令官岡村寧次大将』（河出書房新社、一九八四年）
古屋哲夫「『満洲国』の創出」（山本有造編『「満洲国」の研究』緑蔭書房、一九九五年）三十九―八十二頁
防衛庁防衛研修所戦史室『戦史叢書　大本営陸軍部〈1〉』（朝雲新聞社、一九六七年）
朴殷植（姜徳相訳注）『朝鮮独立運動の血史』第一巻（平凡社、一九七二年）
朴慶植編『朝鮮問題資料叢書　第六巻　一九二〇―三〇年代民族運動』（アジア問題研究所、一九八二年）

細谷千博『シベリア出兵の史的研究』（有斐閣、一九五五年）
――『ロシア革命と日本』（原書房、一九七二年）
――『日本外交の座標』（中央公論社、一九七九年）
――『両大戦間の日本外交――一九一四―一九四五』（岩波書店、一九八八年）
細谷千博、斎藤真編『ワシントン体制と日米関係』（東京大学出版会、一九七八年）
堀内干城『中国の嵐の中で』（乾元社、一九五〇年）
堀内謙介『堀内謙介回顧録――日本外交五〇年の裏面史』（サンケイ新聞社、一九七九年）
堀川武夫『極東国際政治史序説――二十一箇条要求の研究』（有斐閣、一九五八年）
牧野伸顕『松濤閑談』（創元社、一九四〇年）
町野武馬「張作霖爆死の前後」（『中央公論』一九四九年九月号）七十二―八十頁
――「張作霖という男」（日本国際政治学会太平洋戦争原因研究部編『太平洋戦争への道』第一巻付録、朝日新聞社、一九六三年）二―五頁
松岡洋右伝記刊行会編『松岡洋右』（講談社、一九七四年）
松沢哲成『日本ファシズムの対外侵略――石原莞爾と「民族協和」運動』（三一書房、一九八三年）
松重充浩「張作霖による奉天省権力の掌握とその支持基盤」（『史学研究』第一九二号、一九九一年）五十三―七十頁

――「張作霖による在地懸案解決策と吉林省督軍孟恩遠の駆逐」（横山英、曽田三郎編『中国の近代化と政治的統合』渓水社、一九九二年）一九九―二二九頁
松田武「ウィルソン政権の新四国借款団政策――新アメリカ銀行団の結成を中心に」（『史林』第六十五巻第三号、一九八二年）一―三十頁
松村正義「外務省情報部の設置と伊集院初代部長」（『国際法外交雑誌』第七十巻第二号、一九七一年）七十二―九十九頁
満史会『満州開発四十年史』上巻（満州開発四十年史刊行会、一九六四年）
水野明『東北軍閥政権の研究――張作霖・張学良の対外抵抗と対内統一の軌跡』（国書刊行会、一九九二年）
水野直樹「黄埔軍官学校と朝鮮の民族解放運動」（『朝鮮民族運動史研究』第六号、一九八九年）三十九―八十五頁
――「呂運亨と中国国民革命――中国国民党二全大会における演説をめぐって」（『朝鮮民族運動史研究』第八号、一九九二年）三十五―六十三頁
三谷太一郎「日本の国際金融家と国際政治」（佐藤誠三郎、R・ディングマン編『近代日本の対外態度』東京大学出版会、一九七四年）一二三―一五四頁
――「ウォール・ストリートと極東――ワシントン体制における国際金融資本の役割」（『中央公

論』一九七五年九月号）一五七―一八一頁
――「ウォール・ストリートと満蒙――外債発行計画をめぐる日米関係」（細谷千博、斎藤真編『ワシントン体制と日米関係』東京大学出版会、一九七八年）三二一―三五〇頁
――「国際金融資本とアジアの戦争――終末期における対中四国借款団」（『年報近代日本研究』第二巻、一九八〇年）一一四―一五八頁
――『増補 日本政党政治の形成――原敬の政治指導の展開』（東京大学出版会、一九九五年）
――「大正デモクラシーとワシントン体制 一九一五―一九三〇」（細谷千博編『日米関係通史』東京大学出版会、一九九五年）七十七―一〇九頁
――『近代日本の戦争と政治』（岩波書店、一九九七年）
南満州鉄道株式会社編『南満州鉄道株式会社第二次十年史』上巻（原書房、一九七四年）
簑原俊洋「一九二四年米国移民法の成立過程――『埴原書簡』と『排日移民法』」（『神戸法学雑誌』第四十六巻第三号、一九九六年）五五一―六〇八頁
村上勝彦「長江流域における日本権益――南潯鉄路借款をめぐる政治経済史」（安藤彦太郎編『近代日本と中国――日中関係論集』汲古書院、一九八九年）一二七―一六四頁
村田陽一編『コミンテルン資料集』第四巻（大月書店、一九八一年）
百瀬孝「シベリア撤兵政策の形成過程――大正九年十二月～十年五月」（『日本歴史』第四二八号、

一九八四年）八十六―一〇一頁
森克己『満洲事変の裏面史』（国書刊行会、一九七六年）
森島守人『陰謀・暗殺・軍刀』（岩波新書、一九五〇年）
柳沢遊「一九二〇年代前半期の青島居留民商工業」（『産業経済研究』第二十五巻第四号、一九八五年）
一一一―一五二頁
山浦貫一編『森恪』（原書房、一九八二年）
山田辰雄『中国国民党左派の研究』（慶応通信、一九八〇年）
山室信一『キメラ――満洲国の肖像』（中公新書、一九九三年）
山本四郎編『坂西利八郎書翰・報告集』（刀水書房、一九八九年）
兪辛焞『満洲事変期の中日外交史研究』（東方書店、一九八六年）
横山宏章『孫中山の革命と政治指導』（研文出版、一九八三年）
芳井研一『環日本海地域社会の変容――「満蒙」・「間島」と「裏日本」』（青木書店、二〇〇〇年）
芳沢謙吉（中野敬止編）『芳沢謙吉自伝』（時事通信社、一九六四年）
――『外交六十年』（中公文庫、一九九〇年）
吉村道男「後藤新平最後の訪ソをめぐって」（『外交史料館報』第三号、一九九〇年）五十―六十六頁
――「満州事変後における日ソ間漁業衝突問題の影響――富美丸漁夫射殺事件を中心に」（『政治

経済史学』第三六二号、一九九六年）一―十七頁

李盛煥『近代東アジアの政治力学――間島をめぐる日中朝関係の史的展開』（錦正社、一九九一年）

劉小林（中村元哉訳）「第一次世界大戦と国際協調体制下における日中関係」（中央大学人文科学研究所編『民国前期中国と東アジアの変動』中央大学出版部、一九九九年）一二五―一五〇頁

デービット・J・ルー（長谷川新一訳）『松岡洋右とその時代』（TBSブリタニカ、一九八一年）

鹿錫俊『中国国民政府の対日政策 一九三一―一九三三』（東京大学出版会、二〇〇一年）

編者不明『日本外務省特殊調査文書』第十二巻（ソウル：高麗書林、一九八九年）

『偕行社記事』

『政友』

『調査時報』

『東京朝日新聞』

## 二 英語文献

Asada, Sadao. “Japan’s ‘Special Interests’ and the Washington Conference, 1921–22.”

*American Historical Review* 67, no. 1(1961): pp. 62–70.

——. "Japan and the United States, 1915–1925." Ph. D. dissertation, Yale University, 1963.

Atkins, Martyn. *Informal Empire in Crisis: British Diplomacy and the Chinese Customs Succession, 1927–1929*. Ithaca, 1995.

Bamba, Nobuya. *Japanese Diplomacy in a Dilemma: New Light on Japan's China Policy, 1924–1929*. Kyoto, 1972.

Beers, Burton F. *Vain Endeavor: Robert Lansing's Attempts to End the American-Japanese Rivalry*. Durham, 1962.

Bennett, G. H. *British Foreign Policy during the Curzon Period, 1919–24*. London, 1995.

Borg, Dorothy. *American Policy and the Chinese Revolution, 1925–1928*. New York, 1947.

Buckley, Thomas H. *The United States and the Washington Conference, 1921–1922*. Knoxville, 1970.

——. "John Van Antwerp MacMurray: The Diplomacy of an American Mandarin." In

*Diplomats in Crisis: United States-Chinese-Japanese Relations, 1919–1941*, edited by Richard Dean Burns and Edward M. Bennett, pp. 27–48. Santa Barbara, 1974.

Buhite, Russell D. *Nelson T. Johnson and American Policy Toward China, 1925–1941*. East Lansing, 1968.

Burgwyn, H. James. *The Legend of the Mutilated Victory: Italy, the Great War, and the Paris Peace Conference, 1915–1919*. Westport, 1993.

Carr, Edward Hallett. *The Bolshevik Revolution 1917–1923*. Vol. 3. London, 1961.

Castle, Alfred L. *Diplomatic Realism: William R. Castle, Jr., and American Foreign Policy, 1919–1953*. Honolulu, 1998.

Chan Lau Kit-ching. *Anglo-Chinese Diplomacy 1906–1920: In the Careers of Sir John Jordan and Yuan Shih-kai*. Hong Kong, 1978.

Chi, Madeleine. "China and Unequal Treaties at the Paris Peace Conference of 1919." *Asian Profile* 1, no. 1(1973): pp. 49–61.

Ch'i, Hsi-sheng. *Warlord Politics in China, 1916–1928*. Stanford, 1976.

Chu, Pao-chin. *V. K. Wellington Koo: A Case Study of China's Diplomat and Diplomacy of Nationalism, 1912–1966*. Hong Kong, 1981.

Cohen, Warren I. "America and the May Fourth Movement: The Response to Chinese Nationalism, 1917–1921." *Pacific Historical Review* 35, no. 1(1966): pp. 83–100.

——. *The Chinese Connection: Roger S. Greene, Thomas W. Lamont, George E. Sokolsky and American-East Asian Relations*. New York, 1978.

Collester, Janet Sue. "J. V. A. MacMurray, American Minister to China, 1925–1929: The Failure of a Mission." Ph. D. dissertation, Indiana University, 1977.

Craft, Stephen G. "John Bassett Moore, Robert Lansing, and the Shandong Question." *Pacific Historical Review* 66, no. 2(1997): pp. 231–249.

——. "Nationalism, Imperialism and Sino-American Relations: V. K. Wellington Koo and China's Quest for International Autonomy and Power, 1912–1949." Ph.D. dissertation, University of Illinois at Urbana-Champaign, 1997.

Curry, Roy Watson. *Woodrow Wilson and Far Eastern Policy, 1913–1921*. New York, 1968.

Danelski, David J., and Joseph S. Tulchin eds. *The Autobiographical Notes of Charles Evans Hughes*. Cambridge, Mass., 1973.

Davis, R. W. "Soviet Military Expenditure and the Armaments Industry, 1929–33: A

Reconsideration." *Europe-Asia Studies* 45, no. 4 (1993), pp. 577–608.

Department of State ed. *Papers Relating to the Foreign Relations of the United States, 1918–1931*. Washington, D. C., 1930–1946.

Dickinson, Frederick R. *War and National Reinvention: Japan in the Great War, 1914–1919*. Cambridge, Mass., 1999.

Doenecke, Justus D. ed. *The Diplomacy of Frustration: The Manchurian Crisis of 1931–1933 as Revealed in the Papers of Stanley K. Hornbeck*. Stanford, 1981.

Elleman, Bruce A. *Diplomacy and Deception: The Secret History of Sino-Soviet Diplomatic Relations, 1917–1927*. Armonk, 1997.

Ellis, L. Ethan. *Frank B. Kellogg and American Foreign Relations, 1925–1929*. Westport, 1974.

Fifield, Russell H. "Secretary Hughes and the Shantung Question." *Pacific Historical Review* 23, no. 4 (1954): pp. 373–385.

——. *Woodrow Wilson and the Far East: The Diplomacy of the Shantung Question*. Hamden, 1965.

Fung, Edmund S. K. *The Diplomacy of Imperial Retreat: Britain's South China*

*Policy, 1924–1931*. Hong Kong, 1991.

George, Brian T. "The State Department and San Yat-sen: American Policy and the Revolutionary Disintegration of China, 1920–1924." *Pacific Historical Review* 46, no. 3 (1977): pp. 387–408.

Gilbert, Rodney. *The Unequal Treaties: China and the Foreigner*. London, 1929.

Glad, Betty. *Charles Evans Hughes and the Illusions of Innocence: A Study in American Diplomacy*. Urbana, 1966.

Goldstein, Erik, and John Maurer, eds. *The Washington Conference, 1921–22: Naval Rivalry, East Asian Stability and the Road to Pearl Harbor*. Frank Cass, 1994.

Goto-Shibata, Harumi. *Japan and Britain in Shanghai, 1925–1931*. London, 1995.

Grant, Stanley J. "Chinese Participation at the Washington Conference, 1921–1922." Ph. D. dissertation, Indiana University, 1969.

Grayson, Richard S. *Austen Chamberlain and the Commitment to Europe: British Foreign Policy, 1924–29*. London, 1997.

Haslam, Jonathan. *The Soviet Union and the Threat from the East, 1933–1941: Moscow, Tokyo, and the Prelude to the Pacific War*. London, 1992.

Hughes, Charles E. *The Centenary of the Monroe Doctrine*. Washington, D. C., 1923.

Iriye, Akira. “Chang Hsueh-liang and the Japanese.” *Journal of Asian Studies* 20, no. 1(1960) : pp. 33–43.

——, *After Imperialism: The Search for a New Order in the Far East, 1921–1931*. Chicago, 1990.

Jessup, Philip C. *Elihu Root*. Vol. 2. New York, 1938.

Jordan, Donald A. *The Northern Expedition: China's National Revolution of 1926–1928*. Honolulu, 1976.

Kawamura, Noriko. *Turbulence in the Pacific: Japanese-U.S. Relations during World War I*. Westport, 2000.

King, Wunsz. *China at the Washington Conference, 1921–1922*. New York, 1963.

Koo, Wellington. “The Wellington Koo Memoir.” Chinese Oral History Project of the East Asian Institute, Columbia University, 1976.

Lansing, Robert. *The Peace Negotiations: A Personal Narrative*. Boston, 1921.

——. *The Big Four and Others of the Peace Conference*. Boston, 1921.

——. *War Memoirs of Robert Lansing, Secretary of State*. Indianapolis, 1935.

Lensen, George Alexander. *Japanese Recognition of the U.S.S.R.: Soviet-Japanese Relations, 1921–1930*. Tokyo, 1970.

——. *The Damned Inheritance: The Soviet Union and the Manchurian Crises, 1924–1935*. Tallahassee, 1974.

Levin, N. Gordon, Jr. *Woodrow Wilson and World Politics: America's Response to War and Revolution*. New York, 1968.

Lih, Lars T., Oleg V. Naumov, and Oleg V. Khlevniuk eds., *Stalin's Letters to Molotov, 1925–1936*. New Haven, 1995.

Louis, Wm. Roger. *Great Britain and Germany's Lost Colonies, 1914–1919*. Oxford, 1967.

——. *British Strategy in the Far East, 1919–1939*. Oxford, 1971.

MacMurray, John Van Antwerp, ed. *Treaties and Agreements with and concerning China, 1884–1919*. Vol. 2. New York, 1973.

MaCormack, Gavan. *Chang Tso-lin in Northeast China, 1911–1928*. Stanford, 1977.

Martin, Bernd. "Germany Between China and Japan: German Far Eastern Policy of the Interwar Period." In *Die Deutsche Beraterschaft in China, 1927–1938*, edited by

Bernd Martin, pp. 288–306. Dusseldorf, 1981.

Megginson, William James. "Britain's Response to Chinese Nationalism, 1925–1927: The Foreign Office Search for a New Policy." Ph. D. dissertation, George Washington University, 1973.

Morley, James William. *The Japanese Thrust into Siberia, 1918*. New York, 1957.

Morton, William Fitch. *Tanaka Giichi and Japan's China Policy*. Kent, 1980.

Nish, Ian H. *Alliance in Decline: A Study in Anglo-Japanese Relations, 1908–1923*. London, 1972.

——. *Japanese Foreign Policy, 1869–1942*. London, 1977.

——. "Japan in Britain's View of the International System, 1919-37." In *Anglo-Japanese Alienation, 1919–1952*, edited by Ian Nish, pp. 27–55. Cambridge, 1982.

——. *Japan's Struggle with Internationalism: Japan, China and the League of Nations, 1931–3*. London, 1993.

Pantsov, Alexander. *The Bolsheviks and the Chinese Revolution, 1919–1927*. Richmond, 2000.

Peattie, Mark R. *Ishiwara Kanji and Japan's Confrontation with the West*. Princeton,

1975.

Pollard, Robert T. *China's Foreign Relations, 1917–1931*. New York, 1933.

Pugach, Noel H. "American Friendship for China and the Shantung Question at the Washington Conference." *Journal of American History* 64, no. 1 (1977) : pp. 67–86.

——. *Paul S. Reinsch: Open Door Diplomat in Action*. New York, 1979.

Reinsch, Paul S. *An American Diplomat in China*. New York, 1922.

Schild, Georg. *Between Ideology and Realpolitik: Woodrow Wilson and the Russian Revolution, 1917–1921*. Westport, 1995.

Schwartz, Benjamin I. *Chinese Communism and the Rise of Mao*. Cambridge, Mass., 1951.

Sheridan, James E. *Chinese Warlord: The Career of Feng Yu-hsiang*. Stanford, 1966.

Shimazu, Naoko. *Japan, Race and Equality: The Racial Equality Proposal of 1919*. London, 1998.

Tang, Chi-hua. "Britain and the Raid on the Soviet Embassy by Chang Tso-lin, 1927." (『文史学報』第二十二期、一九九二年) : pp. 185–197.

——. "Britain and Warlordism in China: Relations with Chang Tso-lin, 1926–1928" (『興

大歴史学報』第二期、一九九二年）: pp. 207–229.

Tang, Peter S. H. *Russian and Soviet Policy in Manchuria and Outer Mongolia, 1911–1931*. Durham, 1959.

Teow, See Heng. *Japan's Cultural Policy toward China, 1918–1931: A Comparative Perspective*. Cambridge, Mass., 1999.

Thorne, Christopher. *The Limits of Foreign Policy: The West, the League and the Far Eastern Crisis of 1931–1933*. London, 1972.

Tilley, John. *London to Tokyo*. London, 1942.

Waldron, Arthur, ed. *How the Peace Was Lost*. Stanford, 1992.

Wales, Nym (Helen Foster Snow) and Kim San. *Song of Ariran: A Korean Communist in the Chinese Revolution*. San Francisco, 1973.

Whiting, Allen. *Soviet Policies in China, 1917–1924*. Stanford, 1968.

Wilbur, C. Martin, and Julie Lien-ying How. *Missionaries of Revolution: Soviet Advisers and Nationalist China, 1920–1927*. Cambridge, Mass, 1989.

Woodward, E. L., and Rohan Butler eds. *Documents on British Foreign Policy, 1919–1939*. First series, second series. London, 1946–1947.

Young, John W. "The Hara Cabinet and Chang Tso-lin, 1920–21." *Monumenta Nipponica* 27, no. 2 (1972): pp. 125–142.

Zhang Yongjin. *China in the International System, 1918–1920: The Middle Kingdom at the Periphery*. London, 1991.

*The Manchester Guardian*

*The New York Times*

*The Times*

## 三 中国語文献

白堅武「第二次直奉戦争日記」(『近代史資料』第四十七号、一九八二年)一〇〇―一一二頁。

北京師範大学、上海市档案館編『蔣作賓日記』(杭州：江蘇古籍出版社、一九九〇年)

畢万聞編『張学良文集』第一巻(北京：新華出版社、一九九二年)

財政科学研究所、中国第二歴史档案館編『民国外債档案史料』全十二巻(南京：档案出版社、一九八九―一九九二年)

曹汝霖『一生之回憶』(香港：春秋雑誌社、一九六六年)

陳三井「陸徵祥與巴黎和会」(『歴史学報』一九七四年第二期)一―十五頁
陳昭璇「日本與北京関税特別会議」(『中央研究院近代史研究所集刊』第十五期、下冊、一九八六年)二五一―二七九頁
程道徳、鄭月明、饒戈平編『中華民国外交史資料選編 一九一九―一九三一』(北京:北京大学出版会、一九八五年)
川島真「華盛頓会議与北京政府的籌備――以対外統一為中心」(『民国研究』一九九五年第二期)一一三―一三三頁
杜春和、林斌生、丘権力編『北洋軍閥史料選輯』下巻(北京:中国社会科学出版社、一九八一年)
杜連慶、陸軍「張学良与中東路事件」(『北方論叢』一九八七年第二期)九十九―一〇四頁
馮玉祥『我的生活』(香港:波文書局、一九七四年)
――『馮玉祥選集』中巻(北京:人民出版社、一九九八年)
服部龍二(雷鳴訳、米慶余校正)「中国革命外交的挫折――中東鉄路事件与国際政治(一九二九年)」(米慶余主編、宋志勇、藏佩紅副主編『国際関係与東亜安全』天津:天津人民出版社、二〇〇一年)二九四―三〇八頁
傅虹霖『張学良的政治生涯――一位民族英雄的悲劇』(瀋陽:遼寧大学出版社、一九八八年)
傅文齢『日本横浜正金銀行在華活動史料』(長春:中国金融出版社、一九九二年)

顧維鈞（中国社会科学院近代史研究所訳）『顧維鈞回憶録』第一分冊（北京：中華書局、一九八三年）
広東革命歴史博物館編『黄埔軍校史料』（広州：広東人民出版社、一九八二年）
郭大鈞「従九・一八到八・一三国民党政府対日政策的演変」（『歴史研究』一九八四年第六期）一二八―一四六頁
郭鳳明「九一八事変後錦州地区中立化交渉」（『国史館館刊』第一期、一九八七年）七十一―八十六頁
郭恒鈺『俄共中国革命秘档（一九二六）』（台北：東大図書股份有限公司、一九九七年）
国父全集編輯委員会編『国父全集』全十二冊（台北：近代中国出版社、一九八九年）
国立編訳館主編『中華民国外交史彙編』全十五冊（台北：渤海堂文化公司、一九九六年）
国史館史料処編『東北義勇軍』（新店：国史館、一九八一年）
韓淑芳主編『済南五三惨案親歴記』（北京：中国文史出版社、一九八七年）
韓永泰「不忘九・一八打倒復活的日本軍国主義」（『瀋陽日報』一九七一年九月一六日）
賀軍「論中東路事件与国民政府対蘇政策」（『南京大学学報（哲学社会科学、研究生専刊）』一九八六年第一期）九十八―一二四頁
胡漢民『南京的対日外交』（広州：中興学会、一九三五年）
胡震亜編「蔣介石日記類鈔」（『民国档案』第五十四、五十五、五十六、五十八号、一九九八―一九九九年）三―十、四―十一、三―八、二十一―三十一頁

黄福慶『近代日本在華文化及社会事業之研究』（台北：中央研究院近代史研究所、一九八二年）
黄文徳「美国與中日済南事件交渉（一九二八—一九二九）」（『近代中国』第一三八号、二〇〇〇年）八十七—一〇八頁
姜明清『鉄路史料』（新店：国史館、一九九二年）
姜念東、伊文成、解学詩、呂元明、張輔麟『偽満洲国史』（長春：吉林人民出版社、一九八〇年）
蔣永敬編『済南五三惨案』（台北：正中書局、一九七八年）
——『抗戦史論』（台北：東大図書公司、一九九五年）
蔣作賓『蔣作賓回憶録』（台北：伝記文学出版社、一九六七年）
来新夏、郭剣林、焦静宜編『北洋軍閥史稿』（武漢：湖北人民出版社、一九八二年）
藍旭男「収回旅大與抵制日貨運動」（『中央研究院近代史研究所集刊』第十五期、上冊、一九八六年）四〇三—四一五頁
李恩涵『北伐前後的「革命外交」（一九二五—一九三一）』（台北：中央研究院近代史研究所、一九九三年）
李嘉谷「蘇俄第一次対華宣言文本問題」（『北京档案史料』一九九一年第四期）五十九—六十六頁
——「九一八事変後中蘇関係的調整」（『抗日戦争研究』一九九二年第二期）一〇八—一二三頁
——『中蘇関係（一九一七—一九二六）』（北京：社会科学文献出版社、一九九六年）
——『合作与衝突——一九三一—一九四五年的中蘇関係』（桂林：広西師範大学出版社、一九九六年）

李健民『五卅惨案後的反英運動』（台北：中央研究院近代史研究所、一九八六年）
李俊熙「日本対山東的殖民経営　一九一四〜一九二二」（博士論文、政治大学歴史研究所、一九九五年）
李仕徳『英国與中国的外交関係（一九二九―一九三七）』（新店：国史館、一九九九年）
李玉貞『孫中山與共産国際』（台北：中央研究院近代史研究所、一九九六年）
李雲漢編『国民政府処理九一八事変之重要文献』（台北：近代中国出版社、一九九二年）
梁敬錞『九一八事変史述』（台北：世界書局、一九六四年）
遼寧省档案館編『奉系軍閥档案史料彙編』第九巻（南京：江蘇古籍出版社、一九九〇年）
林柏生編『汪精衛先生最近言論集　続編』（香港：香港南華日報社、一九三八年）
劉培植、任振河「東北易幟是張学良的愛国之挙」（漢笛編『張学良生涯論集――海内外専家論文精選』北京：光明日報出版社、一九九一年）十三―十六頁
呂芳上「広東革命政府的関余交渉（一九一八―一九二四）」（中華民国歴史與文化討論集編輯委員会編『中華民国歴史與文化討論集』第一冊、台北：中華民国歴史與文化討論集編輯委員会、一九八四年）二五三―二七九頁
――「北伐時期英国増兵上海與対華外交的演変」（『中央研究院近代史研究所集刊』第二十七期、一九九七年）一八七―二二九頁

呂慎華「袁世凱政府與中日二十一条交渉」（中興大学歴史学系修士論文、二〇〇〇年）
陸軍、杜連慶『張学良与東北軍』（瀋陽：遼寧人民出版社、一九九一年）
鹿錫俊「済南惨案前後蔣介石的対日交渉」（『史学月刊』一九八八年第二期）五十九—六十五頁
婁向哲『北洋軍閥与日本』（天津：天津人民出版社、一九九四年）
馬里千、陸逸志、王開済編『中国鉄路建築編年簡史』（北京：中国鉄道出版社、一九八三年）
宓汝成『帝国主義与中国鉄路 一八四七—一九四九』（上海：上海人民出版社、一九八〇年）
莫永明編『五卅運動史料』第一巻（上海：上海人民出版社、一九八一年）
斉慶昌、孫志升『直奉大戦』（北京：社会科学文献出版社、一九九三年）
秦孝儀編『中華民国重要史料初編 対日抗戦時期』第一冊（台北：中国国民党中央委員会党史委員会、一九八一年）
秋石「日本外務省与日軍侵占錦州的外交活動」（『東北淪陥史研究』一九九七年第一期）十七—二十一頁
上海市档案館編『五卅運動』第一輯（上海：上海人民出版社、一九九一年）
沈雲龍編『黄膺白先生年譜長編』（台北：聯経出版事業公司、一九七六年）
——『徐世昌評伝』（台北：伝記文学出版社、一九七九年）
——主編『近代中国史料叢刊三編第三四輯』（台北：文海出版社、一九八七年）

石源華『中華民国外交史』（上海：上海人民出版社、一九九四年）
石源華、李輔温編『中国南京国民政府外交部公報　大韓民国関連史料』上巻（ソウル：亀辞窒毒高句麗、一九九五年）
孫子和「中東路事件経緯」（中央研究院近代史研究所編『抗戦十年国家建設研討会論文集』台北：中央研究院近代史研究所、一九八四年）三二一―三五一頁
唐啓華「北伐時期的北洋外交――北洋外交部與奉系軍閥処理外交事務的互動関係初探」（中華民国史専題討論会秘書処編『中華民国史専題論文集第一届討論会』新店：国史館、一九九二年）三三一―三三五頁
――「北京政府與国民政府対外交渉的互動関係――一九二五―一九二八」（『興大歴史学報』第四期、一九九四年）七十七―一〇三頁
――「北洋政府時期海関総税務司安格聯之初歩研究」（『中央研究院近代史研究所集刊』第二十四期、下冊、一九九五年）五七五―六〇一頁
――『北京政府與国際聯盟（一九一九―一九二八）』（台北：東大図書公司、一九九八年）
――「民国初年北京政府『修約外交』之萌芽――一九一二―一九一八」（『文史学報』第二十八期、一九九八年）一一七―一四三頁
――「一九一九年北京政府『修約外交』的形成與展開」（『興大歴史学報』第八期、一九九八年）一六七―一九六頁

——「一九二一年中德協約與北京政府『修約外交』的発展」（『興大歴史学報』第十一号、二〇〇〇年）七十一—一〇九頁
——「欧戦後徳国対中国戦事賠償問題之初歩研究」（張啓雄主編『二十世紀的中国與世界』論文選集』下冊、台北：中央研究院近代史研究所、二〇〇一年）五一九—五六五頁
土田哲夫「張学良与不抵抗政策」（漠笛編『張学良生涯論集——海内外専家論文精選』北京：光明日報出版社、一九九一年）五十七—七十五頁
——「中東路事件与日本的反応」（張学良国際学術研討会報告書、一九九九年八月八日、遼寧省台安県）
薛銜天『中東鉄路護路軍与東北辺疆政局』（北京：社会科学文献出版社、一九九三年）
薛銜天、黄紀蓮、李嘉谷、李玉貞等編『中蘇国家関係史資料匯編（一九一七—一九二四年）』（北京：中国社会科学出版社、一九九三年）
顔恵慶（姚崧齢訳）『顔恵慶自伝』（台北：伝記文学出版社、一九七三年）
——（上海市档案館訳）『顔恵慶日記』第二巻（北京：中国档案出版社、一九九六年）
楊従瑀、張莉莉編「済南惨案紀実和北京各界声援済案活動有関史料」（『北京档案史料』一九八八年第一期）二十二—三十八頁
楊奎松『中共與莫斯科的関係（一九二〇～一九六〇）』（台北：東大図書股份有限公司、一九九七年）
楊天石『海外訪史録』（北京：社会科学文献出版社、一九九八年）

余敏玲「蔣介石與連俄政策之再思」（『中央研究院近代史研究所集刊』第三十四期、二〇〇〇年）四十九―八十七頁
俞辛焞『孫中山与日本関係研究』（北京：人民出版社、一九九六年）
楽炳南『日本出兵山東與中国排日運動――一九二七～一九二九』（新店：国史館、一九八八年）
王龍恵「太平洋会議之経過」（『東方雑誌』第十九巻第四号、一九二二年）一一二―一一五頁
王綱領『欧戦時期的美国対華政策』（台北：台湾学生書局、一九八八年）
王聿均『中蘇外交的序幕――従優林到越飛』（台北：中央研究院近代史研究所、一九七八年）
王章陵「匪党與『中東路事件』」（『匪情月報』第十七巻第二期、一九七四年）七十三―八十頁
呉滄海『山東懸案解決之経緯』（台北：台湾商務印書館、一九八七年）
習五一「論廃止中比不平等条約――兼評北洋政府的修約外交」（『近代史研究』一九八六年第二期）一八二―二〇一頁
徐鋭「略論抗戦前南京国民政府的外債問題」（『民国档案』第三十三号、一九九三年）八十―八十八頁
許慶昌、羅占元「一九二九年中東路事件与党的策略問題」（『党史研究』一九八三年第一期）六十六―七十四頁
許育銘『汪兆銘與国民政府――一九三一至一九三六年対日問題下的政治変動』（新店：国史館、一九九九年）

易顕石、張徳良、陳崇橋、李鴻鈞『九・一八事変史』（瀋陽：遼寧人民出版社、一九八二年）
張春蘭「顧維鈞的和会外交——以収回山東主権問題為中心」（『中央研究院近代史研究所集刊』第二十三期、一九九四年）三十一—五十二頁
張群『我與日本七十年』（台北：中日関係研究会、一九八〇年）
張友坤、銭進『張学良年譜』（北京：社会科学文献出版社、一九九六年）
張志「日本軍国主義分子河本大作」（『歴史档案』一九八七年第一期）一一五—一二一頁
中国第二歴史档案館編『直皖戦争』（南京：江蘇人民出版社、一九八〇年）
——『馮玉祥日記』第一冊（南京：江蘇古籍出版社、一九九二年）
中国共産党『中国共産党五年来之政治主張』（広州：嚮導週報社、一九二六年）
中国国民党宣伝部編『中東路問題重要論文彙刊』（南京：中国国民党宣伝部、一九三〇年、中国国民党文化伝播委員会党史館所蔵、請求記号 471/6）
中国国民党中央委員会党史史料編纂委員会編『革命文献』全一一七輯（台北：中央文物供応社、一九五七—一九八九年）
中国社会科学院近代史研究所近代史資料編輯室主編『秘笈録存』（北京：中国社会科学出版社、一九八四年）
中国文化大学中華学術院先総統蒋公全集編纂委員会編『先総統蒋公全集』全三冊（台北：中国文

化大学出版部、一九八四年）
中華民国外交問題研究会編『九一八事変』（台北：中国国民党中央委員会党史委員会、一九九五年）
中山大学歴史系孫中山研究室他編『孫中山全集』第五巻（北京：中華書局、一九八五年）
中央档案館、中国第二歴史档案館、吉林省社会科学院合編『日本帝国主義侵華档案資料選編　九・一八事変』（北京：中華書局、一九八八年）
――『日本帝国主義侵華档案資料選編　河本大作与日軍「残留」』（北京：中華書局、一九九五年）
中央統戦部、中央档案館編『中共中央第一次国内革命戦争時期統一戦線文件選編』（北京：档案出版社、一九九一年）
中央研究院近代史研究所編『中俄関係史料』中東路與東北辺防、民国九年（台北：中央研究院近代史研究所、一九六九年）
――『中日関係史料』山東問題（全二冊）、東北問題（全四冊）、排日問題、商務交渉、軍事外交交渉（台北：中央研究院近代史研究所、一九八七―一九九六年）
『民国日報』（上海版）
『新青年』
『中央日報』（南京版）

## 四　ロシア語文献

Fond 493, Comintern Archive, Rossiyskiy tsentr khraneniya i izucheniya dokumentov noveyshey istorii (cited as RTsKhIDNI, published on microfiche by IDC Microform Publishers). Leiden, 1995.

Duilkov, S. D., et al. eds. *Sovetsko-mongol'skie otnosheniya, 1921–1966*. Moscow, 1966.

Narodnyi komissariat inostrannykh del ed. *Sovetsko-kitayskiy konflikt 1929 g.: Sbornik dokumentov*. Moscow, 1930.

Rossiyskiy tsentr khraneniya i izucheniya dokumentov noveyshey istorii, Institut Dal'nego Vostoka Rossiyskoy akademii nauk, Vostochnoaziatskiy seminar svobodnogo universiteta Berlina eds. *VKP (b), Komintern i natsional'no-revolyutsionnoe dvizhenie v Kitae: dokumenty*. Vol. 1–2. Moscow, 1994–1996.

Ministerstvo inostrannykh del SSSR ed. *Dokumenty vneshney politiki SSSR*. Vol. 1–14. Moscow, 1959–1968.

Yanguzov, Zakir Sharifovich. *Osobaya Krasnoznamennaya Dal'nevostochnaya*

*armiya na strazhe mira i bezopasnosti SSSR, 1929-1938 gg.* Khabarovsk, 1970.
*Izvestiya*
*Pravda*

## 五 韓国語文献

金昌洙『韓国民族運動史研究』（ソウル：범우사、一九九五年）
国史編纂委員会編『韓国独立運動史』第三、四、五巻（ソウル：정음문화사、一九六八年）
朴永錫『在満韓人独立運動史研究』（ソウル：一潮閣、一九八八年）
宋友恵「北間島『大韓国民会』의組織形態 에관한研究」（『한국민족운동사연구』第一号、一九八六年）一一三—一四〇頁
愼鏞廈『韓国民族独立運動史研究』（ソウル：乙酉文化社、一九八五年）
『独立新聞』

**著者略歴**

服《はっ》部《とり》龍《りゅう》二《じ》

1968年　東京に生まれる。
1992年　京都大学法学部卒業。
1997年　神戸大学大学院法学研究科単位修得退学。
専　攻　東アジア国際政治史。
　　　　千葉大学大学院社会文科学研究科助手などを経て
現　在　中央大学総合政策学部助教授。博士（政治学）。
著　書　『東アジア国際環境の変動と日本外交 1918-1931』（有斐閣、2001年）吉田茂賞受賞
　　　　『満州事変と重光駐華公使報告書——外務省記録「支那ノ対外政策関係雑纂『革命外交』」に寄せて』（日本図書センター、2002年）
論　文　「ロンドン海軍軍縮会議と日米関係——キャッスル駐日大使の眼差し」『史学雑誌』第112編第7号、2003年
　　　　「幣原没後」『創文』第454号、2003年
　　　　「明治大正期の幣原喜重郎」『中央大学論集』第25号、2004年、など多数


国際政治史の道標
—実践的入門—　　中央大学現代政治学双書 15

2004年4月5日　初版第1刷発行

〈検印廃止〉　著者　服部龍二

発行者　辰川弘敬

発行所　中央大学出版部



〒192-0393 東京都八王子市東中野 742-1
電話 0426 (74) 2351・FAX 0426 (74) 2354
http://www2. chuo-u. ac. jp/up/





ニシキ印刷・永島製本

ISBN4-8057-1214-7